CES FEMMES QUI TUENT

DU MÊME AUTEUR

Les Plus Grandes Affaires criminelles, essai, Reworld Media, 2024.

Laissez-moi faire, roman, Ramsay/Marivole, 2019.

Renaissance, roman, Mondadori, 2017.

Coups de théâtre, roman, Mondadori, 2016.

La musique adoucit les meurtres, roman, Mondadori, 2015.

Les Mariés de la Terreur, roman, Mondadori, 2015.

La Fille du bourreau, roman, Mondadori, 2014.

Le Fils du cascadeur, roman, Oskar Jeunesse, 2014.

Meurtres à l'école buissonnière, roman, Oskar Jeunesse, 2014.

L'assassin dort au palace, roman, Mondadori, 2013.

Les Secrets du chevalier d'Éon. 1. *Espion du roi*, roman, Nouveau Monde jeunesse, 2010 ; J'ai Lu, 2013. 2. *Les Trois Crimes de l'ambassadeur*, roman, Nouveau Monde jeunesse, 2013.

Les Repères d'Arsène Lupin, étude, Christian Pirot, 2008.

Le Manuel du parfait gigolo, roman, Nouveau Monde éditions, 2008.

Azalaïs de Camargue, roman, Nouveau Monde jeunesse, 2008.

De Mémoire d'assassin, nouvelles, Cheminements, 2007.

Madame Veuve. 1. *Madame Veuve enquête à Étretat*, roman, Ysec éditions, 2005. 2. *Tant qu'il y aura des veuves*, roman, Ysec éditions, 2005. 3. *Alice au pays des veuves*, roman, Ysec éditions, 2007.

Arsène Lupin, essai, Nouveau Monde éditions, 2005.

Les Dames de Contrecœur, roman, Éditions Pierann, 2001 ; Cheminements, 2007.

Ingeburge, la reine interdite, roman, Payot, 1987.

GÉRARD MOREL

CES FEMMES QUI TUENT

D'Agrippine à Marie Besnard, les grandes empoisonneuses de l'Histoire

l'Archipel

Notre catalogue est consultable à l'adresse suivante :
www.editionsarchipel.com

Contact : info@lisez.com

Éditions de l'Archipel
92, avenue de France
75013 Paris

ISBN 978-2-8098-4959-2

Ce livre est dédié aux autres empoisonneuses : celles dont on ne racontera jamais l'histoire, parce qu'elles ont agi avec assez d'habileté pour n'être même pas suspectées.

Avant-propos

L'empoisonnement dans l'Histoire

C'est assez rare pour être souligné, l'opinion publique et le Code pénal sont unanimes sur un point : l'empoisonnement est le pire des crimes. Il est encore défini par l'article 221-5 dudit Code comme « le fait d'attenter à la vie d'autrui par l'emploi ou l'administration de substances de nature à entraîner la mort ». De sorte que le crime est consommé même si la victime ne meurt pas : une simple tentative est réprimée comme un empoisonnement, et le présumé coupable, passible de la cour d'assises, encourt une peine de trente ans de réclusion criminelle.

Cette sévérité accrue a longtemps été expliquée par la peur que les souverains avaient d'être empoisonnés, ainsi que par la perfidie qui auréolait ce crime : au Moyen Âge, on considérait que l'empoisonnement cumulait l'horreur du meurtre et celle de la trahison.

À partir du moment où les traditions chevaleresques ont imposé la loyauté dans les duels, l'empoisonnement battait en brèche ces principes par sa lâcheté, puisque c'est un assassinat qui utilise la confiance de la victime, dont on va flatter l'appétit ou la gourmandise pour mieux l'anéantir.

Certains souverains ont d'ailleurs cherché à discréditer leurs adversaires en prétendant avoir échappé à une tentative d'empoisonnement de leur part : c'est notamment le cas du roi Louis XI dans ses affrontements avec ses cousins et rivaux les ducs de Bourgogne successifs, Philippe le Bon et Charles le Téméraire, chacun accusant l'autre d'avoir tenté de le faire empoisonner.

Au début du XIXe siècle, lorsque a été élaboré le Code pénal de 1810, les juristes ont aussi fait valoir que l'empoisonnement impliquait la préméditation, à la différence des autres homicides qui avaient pu se commettre dans un geste de colère irréfléchi.

Tous ces arguments sont valables, évidemment. Mais ils contournent pudiquement la principale raison pour laquelle l'empoisonnement est, depuis longtemps, sanctionné plus sévèrement que les autres façons de tuer.

Ce que la société ne tolère pas, c'est que ce crime est censé être majoritairement commis par des femmes.

L'homicide, même s'il a toujours été réprimé, moralement et pénalement, est un geste réputé masculin. Traditionnellement, les hommes ont commencé par s'arroger le droit de tuer, de façon collective par la guerre pour défendre leur territoire ou leur patrie, ou de façon individuelle pour protéger leur honneur ou leurs biens.

Le développement de la civilisation a limité cette faculté de recourir à la violence, notamment en la règlementant par les codes de la chevalerie et les règles des duels. Mais même quand ces messieurs commettaient des homicides par cupidité ou par vengeance, ils n'encouraient pas la même réprobation que les empoisonneuses. Parce que, depuis la plus ancienne rivalité, qui selon le livre de la Genèse opposa Caïn à son frère Abel et se régla par le meurtre d'Abel, les hommes conservent le droit de tuer. D'ailleurs, la linguistique elle-même confirme que le meurtre est une affaire d'hommes, puisque le mot « assassin » est l'un des rares à n'avoir pas de féminin dans la langue française.

Et même si le meurtre suscite l'opprobre, parce que le recours à la violence doit être réprimé, il est incontestable que certains crimes ont constitué les mythes fondateurs de nouvelles sociétés : si David, héros biblique, n'avait pas courageusement combattu le géant Goliath, s'il ne l'avait pas tué à l'aide de sa fronde, il ne serait peut-être pas devenu roi de Juda et d'Israël. Ce même David a commis un autre crime, passionnel celui-là. Amoureux de Bethsabée, il a appris qu'elle était l'épouse d'Urie le Hittite, ce qui ne l'a pas découragé d'enlever la jeune femme ni de devenir son amant. Après quoi, pour se débarrasser définitivement du mari, il l'a envoyé faire le siège de la ville de Rabba en ordonnant explicitement au chef des armées de le placer en première ligne et de reculer derrière lui, afin de lui ôter toute chance de survivre à la bataille. L'histoire est connue mais elle n'entache nullement la légende du roi David, au contraire : lui et Bethsabée sont ainsi entrés dans la légende des amants mythiques…

Plus tard, dans la mythologie latine, Romulus apparaît comme un héros farouche et glorieux parce qu'il n'a pas hésité à tuer son frère jumeau pour défendre le territoire qu'il s'était attribué, et le prestige qui en est résulté lui a valu de fonder Rome, la Ville éternelle…

Il s'agissait là de meurtres commis ostensiblement, par des hommes soucieux de conquérir ou conserver le pouvoir et, pour cette raison, respectés, voire admirés. En revanche, aucune empoisonneuse n'a jamais bénéficié de la moindre indulgence, quel qu'ait pu être son mobile.

Un crime bien réprimé… mais mal défini !

Jusqu'au milieu du XIXe siècle, les sciences en général et la médecine en particulier étaient rudimentaires et encombrées de préjugés.

Juridiquement, l'empoisonnement était défini comme l'action de faire consommer à quelqu'un un aliment susceptible de causer sa mort. Mais au Moyen Âge, on ne distinguait pas les poisons véritablement mortels (comme l'aconit ou l'ellébore puis le réalgar et l'arsenic) d'autres substances censées susciter la répulsion mais absolument pas dangereuses, telles que la bave de crapaud ou le sang menstruel. On y assimilait aussi des parties de cadavres en décomposition, réputées encore plus nocives lorsqu'elles avaient été prélevées sur des pendus. Et même des ingrédients seulement blasphématoires : par exemple, des hosties dérobées dans des églises ou de l'encens mélangé à du sang ou du sperme.

Les empoisonneuses professionnelles adhéraient elles aussi à ces croyances et fournissaient à leur clientèle, outre les plantes toxiques qu'elles connaissaient, des aliments supposés provoquer la mort : fiel de cochon, poudres de lézard ou d'araignée voire de scorpion, etc. Elles recommandaient d'ailleurs de stimuler les effets du poison par des formules incantatoires à prononcer durant sa préparation. Ce qui explique que les empoisonneuses aient longtemps été assimilées aux sorcières. Elles exerçaient une profession similaire, fondée sur les superstitions beaucoup plus que sur une connaissance objective des poisons mortels ; elles suscitaient la même terreur aveugle et, logiquement, encouraient le même châtiment, c'est-à-dire le bûcher, puisque le feu était censé assurer à la fois leur destruction et leur purification.

Avec une telle culture, il est évident que les autopsies étaient aussi rares que peu fiables, de sorte que les diagnostics d'empoisonnement demeuraient très subjectifs. Et l'on ne soupçonnait un tel crime que si, dans l'entourage du défunt, apparaissait un profil présumé d'empoisonneuse.

En ces temps où la preuve des crimes reposait sur des rumeurs ou des commérages que venaient ensuite conforter des aveux obtenus sous la torture, les empoisonneuses n'étaient soupçonnées, dénoncées et traduites en jugement que parce qu'elles avaient fait scandale en menant auparavant une vie différente des autres.

Ces préjugés ont forcément contribué à protéger quelques maris pressés de se débarrasser de leurs épouses ou de leurs maîtresses – hommes que l'on n'aurait même pas envisagé de suspecter. Et lorsque certains d'entre eux ont tout de même été poursuivis, les tribunaux ont encore retenu qu'ils avaient subi l'influence d'une femme : la maîtresse pour qui ils avaient commis le crime, ou la sorcière locale qui leur avait fourni le poison recherché…

Bref, il suffisait d'à peine un minimum de mauvaise foi pour constater que l'empoisonnement était bien un crime de femme.

Est-ce vraiment un crime de femme ?

Si l'on observe les statistiques établies sur la criminalité, on s'aperçoit que, alors que la plupart des actes délictueux sont commis par des hommes, la délinquance féminine est proportionnellement infime. Et elle se concentre sur quelques infractions très particulières, telles que la sorcellerie autrefois, les avortements clandestins (avant la loi de 1974) ou les infanticides. Et, en effet, l'empoisonnement.

Ce dernier était d'autant plus fréquent que la société se montrait plus oppressante envers les femmes. Le crime s'accomplissait le plus souvent au sein du foyer, cadre intimiste où chacun aurait dû pouvoir se sentir en sécurité. L'auteur en était généralement l'épouse, la fille ou la servante : en tout cas, une femme supposée inspirer la confiance par sa soumission, mais qui avait osé transgresser les principes que la religion et sa famille lui avaient inculqués.

Si cette meurtrière attirait les soupçons sur elle, c'était parfois simplement à cause des (bonnes) raisons qu'elle avait ou qu'elle aurait eues d'empoisonner la victime, père ou mari. Mais le plus souvent, c'était parce qu'avant même d'avoir commis son crime, elle s'était fait remarquer par une conduite jugée inconvenante. Fille facile, épouse infidèle, servante insoumise, etc. Et ce préjugé rapprochait encore une fois les empoisonneuses des sorcières. Puisque, en somme, les présumées sorcières se vantaient de détenir des pouvoirs excédant les capacités des simples humains, tandis que les empoisonneuses s'attribuaient par leurs crimes une liberté s'exorbitant du droit commun pour la majorité des femmes.

Au-delà des raisons intimes et individuelles qui les avaient poussées à se débarrasser du père ou du mari qui les dominaient, on pressentait surtout que, sans même oser l'exprimer ni peut-être se l'avouer à elles-mêmes, ces femmes avaient toutes manifesté une même aspiration : la volonté d'échapper à celui qui détenait tout pouvoir sur elles, et qu'elles avaient cherché à s'évader. De leur mariage, de leur famille voire de leur condition…

Pour protéger les sociétés patriarcales, il était donc nécessaire de condamner impitoyablement ces empoisonneuses, coupables surtout de s'être échappées de la place qui leur était assignée. Après quoi leur souvenir était caricaturé. On en a fait des « veuves noires », cruelles et ricanantes, et l'Histoire a conservé d'elles des images déformées, dépourvues de la moindre compréhension.

Un crime pourtant facilement explicable…

Même s'il était indispensable de stigmatiser les empoisonneuses pour éviter que d'autres femmes ne suivent leur exemple, il aurait été plus juste de chercher à comprendre leurs motivations. De l'Antiquité jusqu'au XXe siècle, les sociétés ont (bienheureusement) évolué, subi des changements de régime et même des révolutions. Le servage puis l'esclavage ont disparu, en contrepartie le prolétariat a vu le jour, mais la situation des femmes, elle, est restée obstinément dépendante de la volonté des hommes : pères, maris, voire frères. Tous les ouvrages féministes le rappellent et en fournissent de multiples exemples, qu'il serait inutile et long de reprendre ici.

La mode vestimentaire elle-même contribuait à maintenir ces dames sous dépendance puisque, par-dessus le corset qui les oppressait, toutes les robes quelque peu élégantes se boutonnaient dans le dos. Ce qui obligeait celles qui les portaient à avoir recours aux services d'une femme de chambre… domestique dont les gages ne pouvaient être payés que par le père ou un mari, puisque ces dames ne disposaient d'aucune autonomie financière. C'est seulement en 1906 que le couturier Paul Poiret a osé supprimer les corsets, puis Gabrielle (Coco)

Chanel a acquis la réputation de libérer les femmes en leur proposant des robes plus simples, dont l'enfilage ne nécessitait pas d'aide extérieure.

Il est important d'ajouter que les femmes se trouvaient privées non seulement de droits mais même d'espoir puisque, jusque dans la littérature, les rares héroïnes qui tentaient de conquérir quelque liberté dans le seul domaine où elles étaient censées s'épanouir, c'est-à-dire l'amour, se trouvaient inexorablement punies. Dans la légende médiévale, Yseult préfère Tristan à son mari et se laisse mourir en apprenant sa mort. Juliette, pour s'être opposée à sa famille en voulant aimer Roméo, finira par se poignarder devant le corps de son amant. Héloïse s'isole dans un couvent pour expier la passion interdite que lui a inspirée Abélard, etc.

Au XIXe siècle, la littérature romanesque a pris son essor mais ne s'est pas montrée plus bienveillante envers les femmes amoureuses : Madame Bovary, coupable d'avoir eu deux amants pour distraire l'ennui que lui inspirait son mari, est réduite à s'empoisonner avec de l'arsenic. Tandis qu'Anna Karénine, torturée par le remords d'avoir abandonné mari et enfants par passion pour le comte Vronski, ne trouve pas d'autre échappatoire que de se jeter sous un train. Julie d'Aiglemont, la « femme de trente ans » de Balzac, expie toute sa vie le bonheur que lui a brièvement fait connaître son amant, puisque son fils adultérin sera noyé par sa sœur jalouse, etc.

Quant à la sexualité féminine, elle n'existait même pas. Ceux qui en douteraient n'ont qu'à parcourir un dictionnaire un peu ancien : le pénis de l'homme y est décrit dans chacune de ses parties, avec illustrations à la clé, alors que le sexe féminin est purement et simplement ignoré. Effacé.

Dans une société si misogyne, il était inéluctable que certaines de ces femmes cherchent à échapper au sort qui leur était dévolu, en usant pour cela de la seule arme qui se trouvait à leur disposition, dans la cuisine où elles étaient cantonnées : le poison.

C'est l'existence de treize d'entre elles qui sera racontée dans ce livre, sans indulgence mais avec une empathie assumée, voire revendiquée…

Agrippine

(15-59 apr. J.-C.)

La plupart des femmes seraient horrifiées si un devin leur annonçait avoir lu dans les astres que leur tendre nourrisson deviendrait un jour empereur… mais qu'il tuerait sa mère !

Quelques-unes s'efforceraient de hausser négligemment les épaules en se répétant qu'elles ne sont pas superstitieuses, et qu'elles n'accordent aucun crédit à une telle prédiction.

Mais une seule dans l'Histoire a été capable de s'en réjouir, en s'écriant : « Qu'il me tue, pourvu qu'il règne ! »

Elle se prénommait Agrippine et sa phrase, répercutée à travers les siècles, suffit à résumer à la fois sa vie et ses ambitions.

Car Agrippine n'a jamais désiré que la puissance. Pour elle, avant tout. Et accessoirement pour son fils, parce que, dans l'Antiquité, une femme, même fine stratège, ne pouvait pas gouverner officiellement l'Empire romain.

Une famille trop impériale pour être honnête

L'ambition d'Agrippine s'explique par ses origines familiales. Née en l'an 15, elle est l'arrière-petite-fille d'Octave, devenu le premier empereur de Rome sous le nom d'Auguste. Et un autre de ses arrière-grands-pères est Marc Antoine, l'amoureux mythique de Cléopâtre.

Plus tard, elle verra son frère Caligula devenir empereur à son tour, jusqu'à ce que lui succède leur oncle Claude.

Elle grandit donc dans une famille convaincue d'avoir pour mission de gouverner Rome, et dont la plupart des membres rivalisent et intriguent afin de s'approprier le pouvoir par à peu près n'importe quel moyen.

Bien sûr, les femmes de cette dynastie ne peuvent pas espérer régner mais, loin de se désintéresser de la politique, elles complotent pour favoriser l'accession au titre d'empereur du mari ou du fils qu'elles pourront manipuler le plus facilement.

La jeune Agrippine observe ces manœuvres en se promettant de s'imposer, plus tard, au cœur de cette famille. Son père, Germanicus, est un chef militaire qui a subjugué ses troupes par son courage et son intelligence. À vingt ans, il était déjà à la tête d'une armée, à vingt-sept ans, il a été nommé consul et à trente ans, il dirige huit légions, tout en se révélant aussi capable d'écrire des poèmes et des comédies.

La mère d'Agrippine suit et soutient son mari jusque dans ses campagnes militaires. Elle contribue à la popularité de Germanicus en écoutant et réconfortant son armée comme en soignant les blessés, parfois même en prenant le commandement à la place de son mari.

Lorsque ses parents reviennent à Rome en triomphateurs, la petite Agrippine a à peine dix-huit mois mais, déjà, elle défile avec sa famille sous les ovations du peuple. Elle reste à Rome quand ses parents repartent en campagne et ne reverra jamais son père, qui meurt à Antioche en octobre 19 – probablement empoisonné sur ordre de l'empereur Tibère, qui craint que le prestige de Germanicus n'incite l'armée à l'installer sur son trône.

De la gloire de Germanicus, il ne reste à sa veuve et à ses enfants que le respect nostalgique des Romains. Chacun regrette que le défunt ne soit jamais devenu empereur, tout en pensant que sa famille n'aura plus de place dans l'Histoire. Seul s'en inquiète l'empereur Tibère, encore lui : il sait combien il est impopulaire et craint qu'on ne cherche à l'abattre et à le remplacer par l'un des fils de ce trop parfait Germanicus, dont la mort mystérieuse a encore accru le prestige… Et les angoisses de Tibère s'aggravent lorsque meurt son propre fils. Il comprend alors que les enfants de Germanicus peuvent désormais prétendre légitimement lui succéder à la tête de l'empire. D'autant qu'au même moment, la veuve de Germanicus sollicite l'autorisation de se remarier. Tibère en déduit qu'elle s'est choisi un homme qu'elle va hisser vers le pouvoir en attendant que l'un de ses fils ait l'âge de gouverner. Terrifié, il interdit cette union et prend ce prétexte pour éloigner la veuve de Germanicus, qu'il assigne à résidence avec ses enfants dans une villa qu'elle possède près d'Herculanum. La seule dont il ne se méfie pas est la jeune Agrippine : il s'imagine qu'il suffira de la marier pour se débarrasser d'elle…

Les mariages d'Agrippine

Sur ordre de Tibère, Agrippine se marie donc pour la première fois à l'âge de treize ans. Elle proteste d'autant moins que, malgré son jeune âge, elle perçoit les avantages de cette union : son époux, Cnaeus Domitius

Ahenobarbus, est l'un de ses lointains cousins. Certes, il est bien plus âgé qu'elle (il a environ quarante-cinq ans), il a la réputation d'être brutal, ivrogne et libertin, il a même entretenu une liaison avec sa propre sœur, mais Agrippine retient seulement qu'il est très riche, qu'il demeure à Rome sur la prestigieuse Via Sacra et qu'il possède plusieurs villas jusque dans le Sud de l'Italie. Ce qui lui permettra de profiter de sa fortune tout en vivant loin de lui.

Elle ne cohabite vraiment avec lui que quatre ans plus tard, lorsqu'il est nommé consul, toujours par Tibère. Les convenances obligent alors le couple à honorer de sa présence banquets et jeux, ce qui ne peut que distraire et flatter Agrippine.

Elle met tout de même neuf ans à donner un héritier à son mari. C'est seulement après la mort de Tibère, quand lui succède à la tête de l'empire Caligula, l'un des frères d'Agrippine, que celle-ci accouche de son unique enfant, le 15 décembre 37. Par chance, c'est un garçon, que l'on nomme Lucius Domitius Ahenobarbus. Lorsque le père apprend cette naissance, il s'écrie que n'a pu naître de lui et d'Agrippine « rien que de détestable et de funeste pour l'État » ! Et en effet, bien plus tard, cet enfant deviendra sombrement célèbre sous son surnom de Néron…

Plus positive, Agrippine réfléchit au fait que le pouvoir est désormais détenu par son frère Caligula, qui n'a pas d'enfant, de sorte que s'il mourait avant d'en avoir conçu ou adopté un, le futur Néron pourrait s'imposer parmi les prétendants au pouvoir…

D'ailleurs, dès à présent, elle occupe une place inespérée dans l'empire car Caligula, n'étant pas marié, attribue un rôle honorifique à ses trois sœurs, dont Agrippine est l'aînée et Julia Drusilla sa préférée, apparemment pour des raisons incestueuses. Il les fait même figurer toutes trois au revers des pièces de monnaie sur lesquelles il y a son portrait. Agrippine apprécie cet honneur, qui assure sa popularité, tout en se promettant qu'un jour, c'est son seul profil qui sera gravé sur les sesterces…

Elle entre donc dans une violente colère lorsqu'elle apprend que Caligula, décidément beaucoup trop attaché à sa sœur Julia Drusilla, a désigné celle-ci comme héritière de sa fortune et de l'empire.

Et bien sûr, quelques jours plus tard, au mois de juin 38, Julia Drusilla meurt très opportunément, très mystérieusement, à vingt-deux ans à peine, laissant son frère désespéré, lui qui souffrait déjà d'insomnies et de crises d'angoisse.

Agrippine décide alors de poursuivre sa trajectoire dans les coulisses du pouvoir en provoquant la mort de Caligula avant qu'il ne se choisisse un autre héritier. Tant qu'il n'en a pas désigné de nouveau, celui qui est présumé lui succéder reste Lepidus, l'époux veuf de Julia Drusilla. Agrippine se doute que, si Lepidus a enduré sans mot dire de multiples humiliations de la part de sa femme et de son beau-frère, c'était dans l'espoir d'accéder un jour au trône impérial. Elle pressent qu'il lui ressemble et, pour s'assurer sa complicité dans l'assassinat de l'empereur, devient sa maîtresse.

Malheureusement, Caligula est informé du projet d'attentat qui le vise. Il fait saisir les lettres échangées entre les amants conspirateurs et, dès qu'il a la preuve de la culpabilité de Lepidus, il le fait exécuter. Quant à

Agrippine, elle est condamnée à porter publiquement les cendres de son amant à travers Rome, après quoi ses biens sont saisis et elle-même se trouve exilée sur l'île Ponza. Elle n'a même pas l'autorisation d'y emmener son fils : le jeune Néron reste sous la garde de son père et quand, un an plus tard, celui-ci meurt d'hydropisie, l'enfant est recueilli par sa tante paternelle. Bien que celle-ci ait toujours détesté Agrippine, qu'elle jugeait cupide et manipulatrice, elle s'attache au futur Néron, qu'elle élève comme son fils puisqu'elle est persuadée d'être débarrassée d'Agrippine qui, selon elle, devrait finir ses jours dans l'île où elle a été bannie.

Bien sûr, cette femme a tort car Agrippine, même de loin, prépare son retour. Elle se maintient informée de tout ce qui se passe à Rome. Au mois de janvier 41, elle est l'une des premières à apprendre que Caligula vient d'être assassiné par les militaires de sa propre garde, qui ne supportaient plus sa cruauté capricieuse.

Agrippine s'attendait à ce que ce meurtre ait lieu, un jour ou l'autre. En revanche, elle est bien plus étonnée d'entendre que les militaires ont désigné comme nouvel empereur son oncle Claude... en l'absence de meilleur candidat ! Claude a toujours été considéré comme l'idiot de la famille ; il paraît incapable de diriger un empire (mais c'est peut-être pour cette raison que les conspirateurs l'ont choisi ?) et n'a même pas intrigué pour conquérir ces honneurs dont lui-même se sent indigne.

Aussitôt, Agrippine lui écrit pour le féliciter et en profite pour implorer sa clémence. Elle écrit tant et tant que Claude finit par lui permettre de rentrer à Rome, et lui fait même restituer les biens qui lui avaient été confisqués. Tous les espoirs lui sont de nouveau permis, pourvu qu'elle parvienne à faire oublier qu'elle a été stigmatisée comme femme adultère. Pour cela, il lui faudrait pouvoir afficher un statut convenable de matrone. Dans ce but, elle commence par aller récupérer son fils chez son ex-belle-sœur, puis elle se cherche un nouvel époux. L'oncle Claude constituerait un parti idéal puisque, au-delà de son nouveau titre d'empereur, il paraît assez fragile et influençable, mais il est marié avec la jeune Messaline et vient d'avoir un deuxième enfant.

Agrippine se rabat donc sur le sénateur Servius Sulpicius Galba. Celui-ci a été consul, gouverneur de l'Aquitaine et a dirigé des légions. Il est aussi brillant que courageux, ce qui lui assure la considération de l'armée. Agrippine a l'intuition qu'il serait digne de diriger Rome, surtout si elle le conseillait[1]. Toutefois, il est déjà marié. Et lorsqu'elle lui susurre qu'il pourrait divorcer pour l'épouser, non seulement il la repousse, mais il raconte la scène à sa propre femme, de sorte que sa belle-mère en est informée. Cette dernière va insulter et gifler publiquement Agrippine qui se retrouve encore plus stigmatisée aux yeux austères des Romains de bonne famille... mais qui ne renonce pas pour autant à ses projets d'ascension sociale!

Désormais, c'est sur Crispus Passienus qu'elle jette son dévolu. Avant d'être nommé consul, il exerçait déjà en qualité d'avocat. Il n'affiche pas le même charisme que Galba mais, en contrepartie, il est immensément riche. Et il se montre subjugué par la beauté et l'audace

1. Elle n'a pas tort puisque, plus tard, à la mort de Néron, Galba lui succèdera comme empereur.

d'Agrippine, au point de divorcer précipitamment (oui, il était marié, lui aussi !) pour s'empresser de l'épouser. Forte de sa nouvelle respectabilité de femme mariée, Agrippine peut désormais parader dans Rome.

Elle en profite pour s'imposer dans l'entourage impérial de son oncle Claude, en feignant d'ignorer la méfiance qu'elle inspire à l'épouse de celui-ci, la sensuelle Messaline.

Messaline est belle, bien plus jeune que son mari et elle lui a donné deux enfants, dont un fils. Aussi Agrippine ne peut-elle espérer prendre sa place. À moins que… Notre héroïne enrage d'entendre colporter à travers Rome le récit des dépravations que commet l'espiègle Messaline en toute impunité. Il n'y a bien que l'empereur pour ignorer que son épouse a commencé par multiplier les liaisons extraconjugales, avant de convoquer les hommes qui lui plaisent à de troublantes bacchanales. Certaines nuits, elle va même se soumettre à des inconnus dans un bordel de Suburre. Et l'on raconte qu'elle aurait osé lancer un défi à une prostituée, en affirmant qu'elle pouvait, en une journée, satisfaire plus d'amants qu'elle…

Agrippine se dit qu'elle tiendrait bien mieux son rang si elle était impératrice. De plus, elle saurait donner à Claude des conseils sur la politique à tenir… Bref, après six ans de mariage, Crispus Passienus, son deuxième époux, s'éteint, sous le regard dubitatif des médecins, après avoir avalé l'un des produits qu'Agrippine était allée chercher chez Locuste, une empoisonneuse gauloise dont elle s'est assuré la discrète complicité… La voici veuve pour la seconde fois, libre et désormais richissime.

Au même moment, Narcisse, l'un des esclaves affranchis de Claude, le prévient que Messaline se serait éprise du superbe sénateur Caius Silius. Il ajoute que, par amour pour cet homme, elle serait même devenue étonnamment fidèle, au point d'avoir renoncé à ses multiples amants… et à son mari ! Elle aurait d'ailleurs élaboré une ahurissante machination pour épouser (en toute bigamie !) Caius Silius, en espérant que celui-ci en profiterait ensuite pour supplanter Claude sur son trône d'empereur… comme il l'avait remplacé dans son lit !

Narcisse multiplie les détails humiliants pour stimuler la colère de l'empereur, car il craint que cet homme débonnaire ne pardonne encore une fois à son épouse. Et il insiste jusqu'à ce que Claude l'autorise à envoyer des militaires auprès de Messaline pour lui ordonner de se suicider. Comme elle n'a pas la force (ni surtout le courage) d'y parvenir, c'est un tribun qui finira par l'abattre d'un coup de glaive !

On ne saura jamais si cette prétendue passion de Messaline pour Caius Silius était bien réelle, ou si tout a été inventé pour justifier son suicide forcé, puisque celui qui aurait eu connaissance du complot et en a informé l'empereur, c'est l'esclave Narcisse qui, pour prix de sa trahison, se trouve aussitôt exécuté sur ordre d'Agrippine… celle-ci s'assurant ainsi de son silence définitif.

Par la suite, elle achète la complicité d'un autre esclave affranchi proche de Claude : Pallas, qui lui raconte tout ce qui se trame autour de l'empereur et lui indique quels sont ses plus proches conseillers, pour qu'elle puisse s'attirer leur amitié. Habilement, elle les entoure, les choie et leur répète combien elle admire cet oncle, que la famille a trop souvent traité en benêt. Si bien qu'elle se trouve invitée à toutes les festivités décidées par Claude. Comme il est prévisible que celui-ci va chercher à se remarier, Pallas commence à lui vanter les multiples qualités d'Agrippine : belle, intelligente, fortunée, de famille aristocratique… et manifestement attachée à son oncle, surtout depuis qu'il est empereur ! Les arguments de Pallas, confortés par la sensualité d'Agrippine, ont tôt fait de convaincre Claude qu'il aurait bien tort de ne pas épouser sa nièce.

C'est juste après avoir pris sa décision qu'il réalise qu'une telle union est incestueuse et totalement prohibée. Il serait assez velléitaire pour renoncer à ce mariage juridiquement impossible, mais Agrippine est tenace. Elle se rapproche donc du consul Lucius Vitellius, ancien protégé de Messaline, et lui jure qu'elle le soutiendra à son tour, avec toute l'efficacité qu'on lui connaît, s'il trouve une solution pour qu'on puisse célébrer ce mariage. Ainsi motivé, Lucius Vitellius fait précipitamment adopter par l'assemblée du Sénat un décret qui autorise par dérogation les femmes à épouser leurs oncles maternels…

Elle a enfin gagné la partie : le 1er janvier 49 est officiellement célébrée son union avec Claude. Certes, il est plus âgé qu'elle, et rustre sinon faible d'esprit, mais il est l'empereur de Rome. Et toutes les faiblesses qu'il affiche ne pourront que la servir, elle qui a déjà prévu de gouverner à travers lui, mieux que lui…

Triomphe et intrigues d'Agrippine

Claude ne la déçoit pas. Peu après leurs noces, il la désigne officiellement comme impératrice, titre qui n'avait jusque-là été porté que par une seule femme : la veuve d'Octave Auguste, le premier empereur. Il fait aussi frapper le portrait d'Agrippine sur les pièces de monnaie, au verso du sien. Et il l'autorise à se déplacer dans un chariot couvert comme seules en possèdent les prêtresses. Ces marques de faveur ne rassasient pourtant pas l'ambition de la nouvelle souveraine ; au contraire, elles la stimulent, au point qu'Agrippine exige de figurer seule sur certaines pièces de monnaie, en buste, avec son chariot.

Elle se fait ensuite confectionner un manteau qui est l'apanage des rois. Et le sien est, de surcroît, tissé d'or, ce qui démontre ostensiblement que l'empereur ne lui refuse aucun caprice et qu'elle est désormais encore plus influente que lui.

Agrippine peut être fière d'elle : par son sens de la stratégie, allié à une complète absence de scrupules, elle est devenue impératrice et a fait oublier ses liaisons adultères qui avaient provoqué le scandale.

Elle pourrait savourer son triomphe… mais elle n'en prend pas le temps : elle préfère anticiper le moment où Claude disparaîtra. Si son successeur à la tête de l'empire est Britannicus, le fils qu'il a eu avec Messaline, elle ne pourra plus régner, pas même par procuration. Aussi se donne-t-elle pour mission d'imposer Néron, son propre fils, comme héritier de Claude.

Claude a eu de Messaline deux enfants : une fille, Octavie, et un fils, connu sous le surnom de Britannicus. Pour imposer peu à peu l'idée que Néron est digne de succéder à Claude, Agrippine commence par fiancer son fils à la jeune Octavie, alors même que ce sont encore des gamins. Le résultat est que Néron peut se vanter d'être doublement le beau-fils de l'empereur, puisqu'il est le fils de son épouse et le fiancé de sa fille.

Afin que Néron possède les compétences nécessaires pour gouverner l'empire, il reçoit des leçons par le prêtre égyptien Chérémon et par le philosophe Sénèque. Simultanément, elle émet des doutes sur la légitimité de Britannicus en rappelant à Claude combien Messaline était infidèle. Et elle calomnie ce garçon à tout propos...

Enfin, elle suggère à Claude d'adopter Néron. En lui rappelant qu'il a une soixantaine d'années et que, s'il venait à être emporté par quelque maladie, il faudrait le remplacer au moins provisoirement par un jeune homme qui présenterait une certaine légitimité pour cela, en attendant que Britannicus ait l'âge de régner. Elle ajoute, pour être plus convaincante, que Britannicus est de santé fragile et que, s'il n'atteignait pas l'âge adulte, il y aurait une guerre de succession au décès de l'empereur. Celui-ci finit par céder, comme toujours : le 25 février 50, il adopte Néron.

Mais, en étant promu fils de l'empereur, Néron devient juridiquement le frère d'Octavie et ne devrait plus pouvoir l'épouser sans commettre un inceste. Cet obstacle n'en est pas un pour Agrippine, qui ordonne à l'un de ses courtisans d'adopter Octavie, ce qui permet de célébrer tout de même le mariage. Après quoi elle exige que son fils adolescent soit déjà nommé consul et que des pièces de monnaie soient frappées à son nom, ce qui le désigne tacitement à l'armée comme héritier de l'empire.

Désormais, Agrippine a la certitude de détenir définitivement le pouvoir, en sa qualité d'épouse d'empereur et de mère de celui qu'elle impose comme son successeur. Et elle cède à la tentation d'en abuser en faisant condamner, sous des prétextes futiles, les femmes susceptibles de plaire à Claude. Elle exige même que la tête de l'une d'elles[1] lui soit ramenée pour vérifier que la sentence a bien été exécutée. Elle s'en prend aussi à un consul, juste pour lui faire confisquer ses biens, parmi lesquels se trouvaient les jardins qu'elle convoitait...

Elle comprend trop tard qu'elle a exagéré et que Claude, moins stupide qu'on ne le prétend, commence à se méfier d'elle. Il semble même regretter d'avoir adopté Néron car il a (enfin !) l'intuition que son épouse l'a manipulé et qu'elle veut favoriser son propre fils aux dépens de Britannicus. Il s'en plaint à ses conseillers et se montre déterminé à réparer ses erreurs, ou ses faiblesses, en rappelant au Sénat et au peuple que son héritier naturel reste bien sûr Britannicus.

Mais Agrippine perçoit sa révolte...

Tous les crimes mènent à Rome

Elle n'accepterait pas de perdre les privilèges qu'elle a obtenus, et encore moins ceux qu'elle attend de l'avenir. Aussi, sans même savoir ce que Claude a l'intention de faire, elle décide de l'empoisonner. Ce sera d'autant plus facile que son mari apprécie les champignons...

Elle sollicite donc de nouveau Locuste, sa fidèle alliée, pour obtenir une mixture qui provoquera une mort ni foudroyante ni trop lente, apparemment naturelle. Et, pour n'être pas (trop) suspectée, elle imprègne de ce poison un cèpe qu'elle glisse dans l'assiette de

1. Il s'agit de Lollia Paulina.

son mari, alors qu'il est en train de manger un plat de champignons, au cours d'un banquet partagé avec de nombreux invités.

Avant la fin du repas, Claude se plaint, comme cela lui arrive souvent, d'être victime d'indigestion. Il se fait ramener dans sa chambre, où il s'étonne tout de même de souffrir plus que d'habitude. L'un de ses serviteurs l'aide à vomir, ce qui inquiète Agrippine, qui craint qu'il n'ait ainsi rejeté la dose mortelle de poison. Aussi fait-elle appeler Xénophon de Kos, le médecin impérial, dont elle s'était assuré depuis longtemps la complicité par précaution, à tout hasard... Celui-ci feint de diagnostiquer une indigestion plus lourde que d'ordinaire et, sous prétexte d'alléger le malade en le faisant de nouveau vomir, il introduit dans sa gorge une plume empoisonnée avec laquelle il lui pique le gosier.

Maintenant, plus rien ne risque de sauver Claude, qui meurt au petit matin, le 13 octobre 54, sous les regards unanimement inquiets (mais pour des raisons opposées) de son épouse, de ses enfants et de Néron.

Après avoir contribué à la mort de Claude, Xénophon le médecin pourra se retirer, fortune faite, sur son île natale de Kos, où il deviendra le bienfaiteur de tous les miséreux de l'île : la reconnaissance d'Agrippine est à la mesure de ses rancunes !

Mais pour l'heure, tandis que Claude rend le dernier soupir, Agrippine sanglote au point de presque s'évanouir, manifestant ainsi une émotivité surprenante. Octavie et Britannicus s'efforcent de la calmer, à défaut de parvenir à la consoler. Aucun des deux enfants de Claude ne remarque que, pendant ce temps, Néron a discrètement quitté la chambre mortuaire pour rejoindre son maître, le philosophe Sénèque, et le préfet du prétoire Burrus. Ces deux mentors obéissent aux ordres qu'Agrippine a pris la précaution de leur donner la veille : ils présentent triomphalement Néron à la cohorte prétorienne qui veille sur le palais puis ils l'emmènent jusqu'au camp de la garde, qui le proclame empereur. En remerciement, Néron promet à tous les soldats une prime, ce qui lui assure leur fidélité. Après quoi le nouvel empereur va lire au Sénat un discours, préalablement rédigé par Sénèque, pour gagner la bienveillance des sénateurs.

Comme Agrippine l'avait prévu, maintenant qu'il peut s'appuyer sur l'armée et sur le Sénat, personne n'oserait plus contester sa légitimité aux fonctions d'empereur. L'infortuné Britannicus est le premier à s'en apercevoir lorsqu'il parvient enfin à s'extirper des bras de sa belle-mère : l'empire appartient désormais à Néron, et les rares personnes susceptibles de protester sont rapidement assassinées…

Enfin, pour rassurer ceux qui auraient des doutes sur son désespoir de veuve, Agrippine ordonne que son défunt mari soit divinisé, et elle fait rédiger par Sénèque un discours à sa gloire, que Néron lit, ce qui confirme au passage que celui-ci est bien l'héritier et le successeur de Claude…

Même un triomphe peut être décevant

Tout s'est donc déroulé comme Agrippine le souhaitait. Son triomphe est à la hauteur de son intelligence et de son ambition. Et elle peut s'attendre à gouverner Rome mieux encore qu'aux temps où elle influençait énergiquement son empereur de mari. Dans ce but, elle s'est assuré un rôle honorifique d'impératrice douairière et, plus discrètement, elle a prévu que son fils gouvernerait en s'appuyant sur un conseil… qu'elle dirigera !

Elle doit s'estimer comblée durant les premières années, car Néron ne se soucie pas de politique et semble soulagé de lui déléguer officieusement la gestion de l'Empire romain. Mais le goût du pouvoir est contagieux. Bientôt, le philosophe Sénèque cherche à détacher Néron de sa mère, sous prétexte de lui restituer son autonomie d'empereur et, surtout, pour pouvoir étendre sa propre influence et imposer ses idées sur la façon la plus opportune de gouverner. Or, Néron se rallie à Sénèque, moins par goût du stoïcisme que par désir de contrer l'autorité maternelle…

Il éloigne de lui l'esclave affranchi Pallas, qui restait l'espion d'Agrippine. Et, de façon plus officielle, il ne fait plus frapper de monnaies qu'avec son propre buste, montrant ainsi à tout l'empire que la domination de sa mère est terminée.

Enfin, comme il craint (à juste titre) que celle-ci ne soit prête à tout pour retrouver son pouvoir, y compris à le faire destituer et remplacer par Britannicus, il prend l'initiative de faire empoisonner le malheureux garçon à l'aide d'un breuvage qu'il commande à Locuste, l'empoisonneuse attitrée de sa mère. Le message est clair : désormais c'est lui qui gouvernera et qui emploiera, en cas de nécessité, les mêmes armes qu'elle…

Agrippine ne peut ignorer ces désaveux et ces menaces. Mais, avant même qu'elle ne parvienne à se trouver des alliés contre Néron, celui-ci poursuit ses brimades en lui retirant sa garde personnelle, puis en la chassant du palais. L'ancienne impératrice doit partir s'installer dans l'une de ses demeures, prestigieuse sans doute, mais elle est publiquement humiliée par cet éloignement. Chacun sait désormais qu'elle n'a plus la faveur de son fils, et refusera de prendre son parti par peur de s'attirer la colère de l'empereur en titre.

Pire encore : les nombreux ennemis qu'Agrippine s'est faits par ses manigances utilisent cette situation pour se venger maintenant d'elle, en la discréditant. Ils commencent par raconter qu'elle a été la maîtresse de Sénèque, puis vont jusqu'à prétendre qu'elle aurait été prête à nouer des relations incestueuses avec son fils pour retrouver son ancien pouvoir… ce qui est absolument faux. D'autant que Néron, enfin dégagé de l'emprise maternelle, se permet de joyeusement tromper son épouse Octavie, qui ne l'avait jamais intéressé. Il noue une liaison avec une délicate esclave orientale, Acté, puis découvre la passion dans les bras de la superbe Poppée.

Presque aussi ambitieuse que notre héroïne, Poppée cherche à se faire épouser : elle veut devenir impératrice elle aussi, mais il faudrait pour cela que Néron répudie Octavie ; or Agrippine s'y oppose. Alors, Poppée insinue qu'il est temps qu'Agrippine disparaisse… Et Néron tente de faire discrètement empoisonner sa mère. S'il n'y parvient pas, c'est que celle-ci se méfie et consomme régulièrement tous les contrepoisons connus à cette époque.

Néron finit par admettre qu'il n'arrivera pas à la battre avec ses propres armes, et décide d'organiser ce qui passera pour un accident. Mais, pour n'être surtout pas soupçonné de matricide, ce qui est considéré à Rome comme le pire des crimes, Néron doit d'abord feindre de se réconcilier avec sa mère.

La mort d'Agrippine

Au mois de mars 59, Agrippine reçoit de son fils une invitation à le rejoindre pour un dîner donné dans une villa qui domine le golfe de Naples. Trop heureuse d'en déduire que Néron reconnaît enfin tout ce qu'il lui doit et qu'elle va retrouver son emprise sur lui, elle accepte de se rendre à ce repas, manifestant ainsi une naïveté inhabituelle.

Ce soir-là, Néron se montre à la fois respectueux et enjoué, et les festivités se prolongent tard dans la nuit, jusqu'à ce qu'Agrippine décide de rentrer chez elle en utilisant le bateau que son fils vient de lui offrir...

Avant de la quitter, Néron l'embrasse chaleureusement. Agrippine s'en réjouit. Elle n'a toujours pas de soupçons lorsque, en pleine mer, le pont supérieur du navire s'effondre. Toute sa colère s'oriente vers sa servante, qui hurle être la mère de l'empereur afin que l'équipage se précipite pour la sauver. Mais, si les marins accourent bien dans la direction de la domestique, c'est seulement pour la battre à coups de rame, jusqu'à ce qu'elle bascule inanimée dans la mer et s'y noie !

Agrippine ne manifeste alors ni colère ni indignation : elle plonge discrètement et nage sans bruit jusqu'au rivage. Mais elle a maintenant compris que son fils veut sa mort, et qu'elle ne parviendra pas toujours à lui échapper. Elle rentre dans sa villa de Baules, et pense opportun de feindre d'ignorer que Néron a tenté de la tuer. Elle lui fait même envoyer un messager pour le « rassurer » en lui annonçant qu'elle a survécu au naufrage.

Exaspéré par ce qu'il prend pour une provocation, Néron néglige toutes précautions et envoie des hommes chez elle avec pour mission de la tuer, d'une manière ou d'une autre !

Face à ses assassins, Agrippine ne cherche pas à fuir, mais ordonne qu'on la frappe au ventre, puisque c'est par là qu'elle a enfanté Néron. Elle reste ainsi maîtresse de sa destinée jusqu'aux derniers instants, jusqu'à ce que la prédiction initiale finisse par s'accomplir…

Catherine de Châteauneuf, veuve d'Haussonville

(1419-1456)

En ce début de XVe siècle, la Bourgogne est un duché suffisamment prospère pour rivaliser avec le royaume de France. D'autant que la France est épuisée par la guerre dite de Cent Ans, qu'elle livre contre l'Angleterre depuis l'an 1337. Et le roi Charles VI est notoirement fou, manipulé par son épouse la reine Isabeau, tandis que la dynastie des ducs de Bourgogne est fière et puissante, comme le rappellent même leurs surnoms successifs : Philippe le Hardi, Jean sans Peur, Philippe le Bon et, plus tard, Charles le Téméraire.

Une naissance en pleine guerre

Dès qu'il a été admis que Charles VI était incapable de gouverner son pays et de poursuivre la guerre contre les Anglais, le duc de Bourgogne Philippe le Hardi, en sa qualité d'oncle du roi de France, a estimé que la régence du royaume devait lui revenir, mais il s'est heurté à la vigoureuse opposition de son neveu, le frère cadet du roi, Louis d'Orléans, qui avait les mêmes prétentions.

Cette rivalité a engendré une guerre civile entre le parti dit des Armagnacs, qui soutenait le duc d'Orléans, et celui des Bourguignons. Affrontement particulièrement malvenu, puisqu'il divise le royaume de France en une période où celui-ci est plus affaibli que jamais par cette interminable guerre contre les Anglais. Peut-être les deux rivaux auraient-ils fini par pactiser s'ils ne s'étaient pas aussi opposés religieusement. Mais les Armagnacs soutiennent un pape qui a pris ses quartiers en Avignon, alors que les Bourguignons considèrent que seul le pape de Rome est légitime.

Dans cette période si tumultueuse, le jeune et pacifique seigneur Guyot de Châteauneuf se trouve contraint, bien malgré lui, de prendre parti et de s'impliquer dans ces affrontements fratricides. Châteauneuf est une châtellenie bourguignonne opulente, située au cœur de l'Auxois, entre Pouilly et Beaune. Son histoire remonte au XIIe siècle, au moment où Jean de Chaudenay a fait édifier le château de Châteauneuf[1].

Guyot de Châteauneuf a perdu son père très jeune, en l'an 1388, et sa mère s'est remariée dès l'année suivante. Lorsqu'il a eu l'âge de gouverner effectivement sa châtellenie, en 1395, il n'a trouvé d'appui qu'auprès du duc de Bourgogne de l'époque, c'est-à-dire Philippe le Hardi. Aussi, lorsque ce dernier est mort, en 1404, Guyot a estimé que la gratitude lui imposait de se placer au service de son fils, resté dans l'Histoire sous le surnom de Jean sans Peur.

Homme paisible et fidèle, Guyot sait se montrer courageux chaque fois que c'est nécessaire. Ainsi gagne-t-il la reconnaissance du nouveau duc, qui en fait son

---

1. Ce château est encore visible aujourd'hui, il domine la vallée du canal de Bourgogne et se remarque même depuis l'autoroute A6.

écuyer et son échanson. Il le sert aveuglément, même lorsque celui-ci invoque la guerre comme excuse afin de commettre par ambition personnelle des actes que la chevalerie réprouve : par exemple, le 23 novembre 1407, Jean sans Peur fait lâchement assassiner son cousin, le duc d'Orléans. Sans l'approuver ni le blâmer, Guyot continue de l'escorter. Il l'accompagne même jusqu'à Paris en 1409 parce que Jean – prétendument sans Peur – craint d'être attaqué par les anciens partisans du défunt duc d'Orléans, avides de vengeance.

En 1412, Guyot suit encore le duc à Château-Chinon, cité qu'eux et leurs troupes assiègent pour en extirper les Armagnacs. Il continue de servir le duc dans ses batailles comme dans ses sièges, de Châtillon-sur-Seine jusqu'à Lagny et Paris, mais il rentre à Châteauneuf au printemps 1419, dès que son épouse, Isabelle de Plancy, lui apprend qu'elle porte son premier héritier.

D'ailleurs, peu de temps après, le 10 septembre 1419, le duc Jean sans Peur est assassiné à son tour, sur le pont de Montereau… Guyot de Châteauneuf ne quittera plus ses terres bourguignonnes !

Une histoire qui débute comme un conte de fées

L'enfant tant attendu comme héritier par Guyot de Châteauneuf vient au monde le 31 mai 1419. C'est une fille, que l'on appelle Catherine. À cette époque, et même plus tardivement, la naissance d'une fille constitue une déception pour les familles. Mais Guyot ignore ces préjugés. Et il se réjouit tellement d'être père que, pour partager sa joie, il affranchit immédiatement ses gens de Vandenesse, que ceux-ci soient hommes liges ou hommes communs, de leurs plus lourds impôts, notamment la taille, ainsi que de leurs servitudes anciennes telles que celle dite de mainmorte[1]. D'ailleurs, afin que ne persistent aucune amertume ni le moindre regret dans cette ville, il ajoute que ceux de ses sujets qui auraient quitté Vandenesse pour éviter d'y acquitter des impôts peuvent y revenir librement. Ils ne subiront aucune sanction et bénéficieront sans condition de cet affranchissement... On comprend donc que la naissance de cette première enfant soit unanimement fêtée.

Par la suite, Guyot et Isabelle de Châteauneuf auront deux autres filles, Marguerite et Jeanne, mais jamais d'héritier masculin, de sorte que Catherine, en sa qualité d'aînée, sera appelée à hériter de la châtellenie. Elle a donc toutes les raisons d'aimer la vie, car la sienne prend les apparences d'un conte de fées... du moins au début !

Les rares documents datant de cette époque la décrivent comme blonde et fort belle. Bien sûr, il serait facile d'objecter que ceux qui célèbrent cette jeune fille sont des courtisans, des artistes soucieux d'obtenir la protection du seigneur de Châteauneuf en flattant sa fille, mais la beauté de Catherine sera mentionnée tout au long de sa vie et jusque durant son procès final. Et là, ce sera pour la lui reprocher en sous-entendant qu'elle avait recours à la sorcellerie pour demeurer aussi resplendissante.

Superbe et riche héritière, Catherine se trouve logiquement très courtisée, durant toute sa jeunesse, par

1. La servitude de mainmorte était le droit, pour tout seigneur, de s'approprier les terres et les biens de ses sujets lorsque ceux-ci n'avaient pas d'enfants.

des aristocrates désireux de conquérir sa personne ou de s'approprier ses terres. Elle pourrait craindre que son père la marie contre son gré au plus riche ou au plus puissant de ces messieurs, mais Guyot de Châteauneuf cultive l'apaisement et le goût du bonheur depuis qu'il n'a plus à faire campagne dans l'ombre du duc de Bourgogne. Il a donc promis à sa fille de ne jamais lui imposer un mari dont elle ne voudrait pas : c'est une attitude assez rare, en ce début de xvᵉ siècle, pour être mentionnée.

Catherine en profite pour donner libre cours à sa coquetterie naturelle et joue à se laisser courtiser, avant de choisir, à l'âge de dix-huit ans, d'épouser Henri d'Asnet : un jeune aristocrate dépourvu de fortune et de terres, qui est donc libre de s'installer avec elle à Châteauneuf. Très vite, les jeunes époux ont un fils, Jean, appelé à devenir plus tard leur héritier. Et ils sont heureux, en dépit des scènes de jalousie d'Henri, agacé de voir que Catherine, si éprise soit-elle, continue de jouer de son pouvoir de séduction par coquetterie. Profondément indépendante, elle ne tient guère compte de ses reproches et exhorte son mari à savourer leur bonheur conjugal.

Mais l'on ne se méfie jamais assez des contes de fées. On oublie qu'ils sont peuplés d'ogres affamés ou de monstres insatiables, et qu'ils sont traversés de sortilèges aussi imprévisibles et violents que des orages... Dans l'existence de la jeune Catherine, le maléfice éclate soudainement sous la forme d'une épidémie de peste noire qui ravage l'Auxois et qui, après avoir décimé la population de Vandenesse, contamine les gens de Châteauneuf en 1439. En une semaine à peine,

Catherine voit mourir sa mère, son mari et son fils. Deux ans plus tard, c'est son père qui décède à son tour, la laissant complètement seule avec la charge de la châtellenie.

À sa place, n'importe quelle jeune femme de son temps s'en serait effrayée, mais Catherine a confiance en ses gens, et plus encore en elle-même. Surtout, elle est passionnément enracinée à Châteauneuf, au point de se sentir capable d'administrer les terres transmises par son père, même sans le soutien d'un mari. C'est donc avec dédain qu'elle repousse les avances réitérées de son cousin, Jean de Chaudenay. Sous prétexte qu'il descend lui aussi du fondateur du château, dont il porte même le nom, il cherche par tous les moyens à récupérer à la fois le donjon, la fortune et les terres de Châteauneuf, qu'il estime devoir légitimement lui revenir depuis que la châtellenie est « tombée en quenouille », c'est-à-dire qu'elle appartient à une femme... ! Catherine ignore superbement ses manœuvres.

Insouciante jusqu'à l'imprudence, elle ne prend pas davantage au sérieux les compliments du duc de Bourgogne, Philippe le Bon, qui a été troublé par sa beauté au point de vouloir en faire sa favorite... ou plutôt l'une de ses conquêtes, tant il est volage. Elle badine avec lui parce qu'elle reste inconsidérément coquette, mais sans envisager un instant de lui céder. Le duc est vexé de son refus, d'autant qu'il a toujours été habitué à ce que les dames se montrent flattées par ses avances, mais il n'insiste pas. Il préfère élaborer sa vengeance en expliquant doucereusement à Catherine qu'elle ne peut espérer continuer d'administrer seule sa châtellenie. Il lui rappelle aussi que son cousin, l'obstiné

Jean de Chaudenay, s'est adressé à lui pour demander que les terres de Châteauneuf soient placées sous sa protection si Catherine persistait à ne pas l'épouser. Et, comme la jeune femme s'indigne, le duc de Bourgogne feint de lui apporter son soutien. Ce qui suffit à la rassurer… À tort !

Car désormais, le duc invite Catherine en son palais dijonnais à chacun de ses bals. Et bientôt, il lui présente le chevalier d'Haussonville, un vieil aristocrate champenois que Catherine va s'étonner de retrouver à toutes les fêtes données par le duc.

Jacques d'Haussonville est beaucoup plus âgé que Catherine, il est veuf depuis sept ans[1] et a vu lui aussi périr tous ses enfants, de sorte que, en cette année 1447, il n'a pour héritiers légitimes que ses deux frères cadets.

D'Haussonville est immédiatement subjugué par Catherine, au point de ne pas même chercher à savoir si cette attirance est partagée ou non. Aristocrate dominateur, convaincu que les femmes n'ont été conçues que pour se soumettre aux hommes et leur apporter des héritiers et du plaisir, il élabore presque immédiatement des projets de mariage et, à la différence du cousin de Chaudenay, il n'est pas poussé par la cupidité, car il possède déjà des titres de noblesse, des biens et un château de famille à Monthureux, au cœur des Vosges[2].

Évidemment, Catherine n'est pas plus attirée par l'homme que par ses terres, bien trop éloignées de Châteauneuf ! Mais le duc Philippe le Bon poursuit ses

1. Le chevalier d'Haussonville avait été marié à Catherine de Bauffremont, décédée en 1440.
2. La commune de Monthureux s'appelait à cette époque « Monstereul-le-Sec » et constituait alors une enclave champenoise dans les Vosges.

propres desseins. Cet homme déploie, pour organiser les mariages de ses sujets, des stratégies aussi impitoyables que pour gagner une campagne militaire. Il est vrai qu'il est guidé par un enjeu identique, c'est-à-dire la conquête de territoires afin d'agrandir sa Bourgogne originelle et, dans les mariages comme à la guerre, il juge négligeable la vie de ses sujets. C'est ce qui lui a permis d'être qualifié de « grand-duc d'Occident ».

Il finit donc par ordonner à Catherine d'épouser Jacques d'Haussonville, en lui rappelant qu'elle est sa sujette et qu'à ce titre elle lui doit obéissance, d'autant qu'elle ne peut, en simple femme qu'elle est, administrer seule la châtellenie. Si elle repoussait la prestigieuse alliance qui lui est offerte avec le chevalier d'Haussonville, elle devrait épouser son cousin Jean de Chaudenay, qu'elle lui a avoué détester.

Ce dernier argument suffirait à convaincre Catherine de se lier à d'Haussonville ! Mais le duc de Bourgogne, si pressant soit-il, ne veut pas se voir auréolé d'une réputation autoritaire. Lui qui a créé l'ordre de chevalerie de la Toison d'Or entend laisser dans l'Histoire le souvenir d'un humaniste. Aussi, maintenant que Catherine est résignée à lui obéir, prend-il le temps de lui expliquer que d'Haussonville est un vieillard qui se montrera comblé d'épouser une dame aussi ravissante qu'elle mais qui serait, à son âge, bien incapable d'user de ses privilèges de mari ! Il sera trop heureux de délaisser son triste château des Vosges pour venir profiter des charmes de Châteauneuf, et jamais il ne contraindra son épouse à l'accompagner à Monthureux. D'ailleurs, il est si âgé et si malade qu'il ne devrait guère tarder à s'éteindre, offrant ainsi à Catherine la liberté d'un deuxième veuvage, tandis qu'elle héritera sans grand sacrifice des riches terres champenoises que possède la famille d'Haussonville !

Naïvement, Catherine écoute le duc de Bourgogne lui énumérer les multiples avantages de ce mariage que, de toute façon, il lui impose. Et elle se félicite d'avoir, même involontairement, troublé ce souverain. Car elle est convaincue que c'est parce qu'elle lui a plu qu'il lui a réservé une alliance aussi bénéfique !

Elle ne se doute pas que Philippe le Bon ne lui a toujours pas pardonné l'humiliation qu'elle lui a infligée en repoussant ses avances. Et que, de toute façon, il est homme d'État avant d'être homme. S'il tient tant à cette union, c'est seulement parce que Jacques d'Haussonville n'a pas d'enfant vivant. Le duc prévoit que ce vieil aristocrate champenois décède dans les prochaines années et qu'alors, la Bourgogne pourra légitimement revendiquer son héritage au nom de Catherine qui serait de nouveau veuve, mais à qui on rappellerait qu'une femme ne peut prétendre diriger des domaines éparpillés entre la Bourgogne, la Champagne et la Lorraine… Ainsi le grand-duc d'Occident espère-t-il parvenir à s'approprier ces opulentes terres champenoises.

Les tristes noces

Même si Jacques d'Haussonville et Catherine de Châteauneuf sont tous deux veufs de leurs précédentes unions, ce n'est pas leur deuil qui rend lugubre la cérémonie de leurs noces, c'est plutôt le regard consterné que la mariée jette sur son nouvel époux.

Elle qui a grandi dans une liberté exceptionnelle grâce à la bienveillance de son père et qui en a gardé un vif sens de l'indépendance, elle a dû se résigner à se remarier avec d'Haussonville, mais elle espérait au moins qu'il conserve une certaine réserve devant ces noces imposées par le duc de Bourgogne. Or, d'Haussonville est loin de manifester la moindre affliction. Au contraire, il ne cache pas son enthousiasme de se voir attribuer une nouvelle épouse, jeune et belle de surcroît, et les regards graveleux dont il enveloppe Catherine laissent deviner que, en dépit de ce qu'a prétendu le duc, cet homme a bien l'intention de jouir gaillardement de sa deuxième nuit de noces !

Et voici que bientôt, agacé à son tour par le comportement de Catherine qui continue de mesurer son pouvoir sur les hommes, il lui annonce qu'elle va quitter ses chères terres de Châteauneuf, parce qu'il préfère l'emmener vivre avec lui dans son château de Monthureux, isolé au cœur des Vosges… Il ajoute que c'est là que devra naître leur premier enfant, celui qui héritera de leurs terres à tous les deux.

Désespérée, Catherine comprend que Philippe le Bon lui a menti, comme il ment chaque fois que les intérêts de son duché sont en jeu ! Et elle n'a même pas le droit d'en vouloir à son mari, qui n'use que des droits et privilèges que confèrent à tout époux la loi et la tradition. Tout au plus peut-elle cultiver secrètement sa révolte ! C'est justement ce qu'elle fait lorsque, peu après ces tristes noces, d'Haussonville l'emmène dans son sinistre château de Monthureux. Ici, Catherine ne risque pas de séduire quiconque. Elle vit recluse entre ce mari qu'elle n'aime pas et les deux frères de ce dernier, Balthazar et Hawy d'Haussonville, qui supportent mal sa présence parce qu'ils n'avaient pas prévu que leur frère aîné trouverait à se remarier et qu'ils guettaient déjà le jour où ils hériteraient de lui.

Balthazar et Hawy voient en Catherine une intrigante qui va s'empresser d'offrir un fils à son mari pour pouvoir se maintenir dans leur château le jour où elle sera veuve. Elle perçoit leur hostilité et n'a guère de mal à en deviner la cause, mais elle ne peut même pas les détromper.

Pourtant, depuis son arrivée à Monthureux, elle déteste ce château, qu'elle trouve austère, humide et glacial. Et elle se refuse à porter un enfant de son mari. Dans ce but, elle s'adresse à la Mariotte, la fille du cuisinier, la seule servante qui semble lui manifester quelque compassion. Avant même de bien la connaître, elle prend le risque de lui faire confiance parce qu'elle a besoin de disposer d'au moins une alliée dans ce château. Elle lui avoue donc qu'elle a toujours eu recours aux herbes sauvages pour entretenir son teint et sa chevelure, et elle lui demande s'il y aurait dans les alentours de Monthureux quelque sorcière qui connaîtrait les vertus des plantes. La Mariotte accepte alors de l'emmener en grand secret consulter la Giraude : une vieille femme qui s'abrite, près d'Épinal, dans une masure à demi en ruine. Encore mieux que Catherine, elle connaît le secret des herbes et des racines locales, qu'elle cueille après la tombée de la nuit et que viennent lui acheter tous ceux qui attendent ou redoutent la survenance d'un événement : une naissance, une mort, une demande en mariage…

Bien sûr, la rumeur a ravalé la Giraude au rang de sorcière. Mais dès que Catherine rencontre cette malheureuse, elle voit plutôt en elle une pauvre femme isolée. Elle devient sa cliente et, même lorsqu'elle n'a pas besoin de ses services, elle lui fait porter de la nourriture par charité. Très vite, la vieille lui voue une reconnaissance émue, parce que même ses fidèles visiteuses ne lui offrent des présents qu'en contrepartie de ses services les plus inavouables. Cela permet à Catherine de s'enhardir jusqu'à lui faire confiance. Elle lui raconte avoir perdu son fils, issu de son premier mariage, et ne plus vouloir porter d'enfant, jamais. Et elle se dit prête à payer très cher les herbes dont l'infusion rendrait stérile… Depuis le temps qu'en vendant ses plantes, la Giraude reçoit les confidences des femmes de la région, elle ne s'étonne plus de ce qu'on peut lui demander. Elle fournit donc à Catherine des brassées de feuilles susceptibles de lui éviter tout risque de maternité.

Peut-être la Giraude est-elle suffisamment sorcière pour que ses tisanes se révèlent efficaces. À moins que le chevalier d'Haussonville ne soit trop âgé pour procréer de nouveau ? En tout cas, jamais Catherine ne s'alourdira d'un futur héritier pour Monthureux.

Amour en son cœur s'installa

Jacques d'Haussonville est furieux de constater qu'en dépit de ses efforts réitérés, il ne parvient pas à concevoir un fils susceptible de perpétuer son aristocratique lignée. Bien sûr, il ne peut se douter que Catherine prend toutes les précautions nécessaires pour lui refuser cette orgueilleuse satisfaction, et il se convainc peu à peu que tout est sa faute, parce qu'il a épousé une femme trop jeune pour lui ! Il se venge en se montrant possessif et jaloux, voire violent. Sans raison. Du moins, pour l'instant…

Il va même jusqu'à proposer à la Mariotte, qu'il sait proche de son épouse, de surveiller discrètement Catherine et de lui faire un compte rendu des activités de sa femme. Mais la Mariotte s'est sincèrement attachée à sa maîtresse et refuse, du haut de son jeune âge idéaliste, ce rôle d'espionne.

Désemparé, d'Haussonville se cherche un soutien moral. Comme il n'a aucune confiance en ses deux frères, qu'il héberge dans son château seulement par devoir, il invite l'un de ses cousins à venir le rejoindre à Monthureux pour y tenir le rôle d'intendant. Ce cousin se nomme Giraud de Parmentier. Il est beaucoup plus jeune que Jacques d'Haussonville, et a même dix ans de moins que Catherine. Il est pourtant ému par la beauté de cette parente par alliance dès qu'il lui est présenté. Elle s'en aperçoit, évidemment, et cette attirance réveille sa coquetterie naturelle, qui s'étiolait dans les sombres couloirs du château de Monthureux. Spontanément, Catherine joue à charmer Giraud, pour le seul plaisir de se sentir exister de nouveau… Sans doute pense-t-elle que ce n'est là qu'un jeu sans conséquence, comme par le passé. Mais Giraud y est réceptif, au point de tomber amoureux d'elle ! Et Catherine se montre troublée par ces sentiments…

L'aveu de leur attachement réciproque effraie d'abord les deux jeunes gens. D'autant que le vieux d'Haussonville reste omniprésent, jaloux et ombrageux ! Et même lorsqu'il s'absente pour contrôler la gestion de ses terres et de ses fermes, ses deux frères demeurent au château, renfrognés dans leur hargne et l'animosité que leur inspire cette jeune et lumineuse belle-sœur…

Bref, dès que Catherine et Giraud s'aperçoivent qu'ils se sont mutuellement séduits, ils ont la sagesse de se jurer de renoncer à cette attraction réciproque, par prudence. Toutefois, il est rare que de si bonnes résolutions perdurent entre deux personnes qui se désirent et qui sont amenées à se croiser quotidiennement... Il fallait donc bien qu'un jour ou l'autre, Catherine et Giraud assouvissent le besoin de se rapprocher ! Combien de temps ont-ils résisté, en s'idéalisant l'un l'autre ? Quand sont-ils devenus amants ? Cela restera leur secret.

Mais d'Haussonville se montre de plus en plus jaloux, soit parce qu'il a surpris des regards de connivence entre les deux amants, soit parce que son attention a été éveillée par quelque remarque perfide de ses frères. Il estime donc prudent de renvoyer Giraud dans sa famille, et l'annonce à l'issue d'un repas. Peut-être le dit-il surtout pour observer la réaction qu'auront sa femme et son cousin... Si tel est le cas, il a bien manœuvré, car le désarroi de Giraud et les larmes de Catherine, qui le supplie de revenir sur sa décision, sont des attitudes suffisamment éloquentes pour le convaincre qu'il a raison de vouloir congédier son intendant.

Désormais, il ne changera plus d'avis. Catherine le sait. Et elle ne supporte pas de perdre l'homme qui lui est devenu indispensable. Elle s'enhardit donc jusqu'à retourner chez la Giraude pour l'implorer de lui fournir des herbes de mort. Or, pour la première fois, la Giraude lui oppose un refus catégorique. Cette malheureuse sait bien que les femmes comme elles, traditionnellement assimilées aux sorcières, sont tolérées sous la perpétuelle menace du bûcher, aussi ne veut-elle pas risquer d'être accusée d'avoir causé la mort du seigneur local, quoi que puisse lui promettre sa riche cliente.

Exaspérée par la pusillanimité de la marchande d'herbes sauvages, Catherine se jure de lui retirer sa clientèle ! Mais elle ne renonce pas pour autant à se débarrasser de son mari.

Les amants meurtriers

Elle exhorte son amant à profiter de son prochain voyage à Épinal pour se procurer là-bas quelque poison, prétendant en avoir besoin pour se débarrasser des rats qui infestent sa demeure. Comme on ne l'y connaît guère, celui qui lui vendra le produit recherché ne devrait pas pouvoir le dénoncer par la suite.

Giraud de Parmentier obéit à celle qui est désormais sa maîtresse… dans tous les sens du terme ! Dès la mi-novembre 1455, puisqu'il doit partir à Épinal vendre des sacs de blé, il en profite pour rapporter le soir même ce que l'on appelait de la « poudre de caverne », c'est-à-dire du réalgar ou sulfure d'arsenic. Catherine récupère le poison et le dissimule dans la chapelle. À l'occasion des fêtes de la Saint-André, elle confectionne un flan aux œufs qu'elle recouvre de réalgar mélangé à du sucre. C'est le dessert favori de son mari qu'il a découvert grâce à elle au début de leur mariage et qu'il lui demande régulièrement de préparer, avec gourmandise.

En ce soir de novembre 1455, le chevalier d'Haussonville n'oublie certes pas ses soupçons mais, en voyant combien Catherine se montre tendre et soumise, il se persuade qu'elle a des remords pour ses fautes passées et qu'elle cherche à se faire pardonner le penchant qu'elle a pu ressentir pour Giraud. Un tel repentir est sans doute la preuve qu'elle a été encore plus coupable qu'il ne l'imaginait, mais il réfléchit qu'il a tout intérêt à se montrer indulgent s'il veut profiter sereinement des années qu'il peut encore espérer vivre auprès d'elle. C'est sur ces rêves d'harmonie conjugale qu'il s'endort, pour ne jamais se réveiller…

Le procès d'une empoisonneuse

Le décès de Jacques d'Haussonville, le 24 novembre 1455, devrait libérer les deux amants. Du moins l'espèrent-ils… À un détail près : la Mariotte, cette aimable servante acquise à Catherine, s'avoue joyeusement gourmande. Et elle aussi apprécie le flan aux œufs. Or, la veille, elle a constaté que Catherine n'en avait pas mangé et qu'il en restait une large portion. Elle a donc attendu que ses maîtres soient partis se coucher pour aller, sur la pointe des pieds, dérober une part de son dessert préféré. Elle est la première victime de sa gourmandise car elle va ainsi s'empoisonner et périra au petit matin, sous le regard aussi désespéré qu'impuissant de son père, Gilles, cuisinier au château.

Celui-ci s'interroge évidemment sur ce qui a pu causer la mort soudaine de sa jeune et vive enfant mais lorsque, quelques heures plus tard, il apprend le décès subit du chevalier d'Haussonville, il relie les deux événements. Il se précipite alors dans les appartements de Catherine pour l'accuser d'avoir causé la mort de sa fille en empoisonnant son mari. Au lieu de simplement nier les faits et de compatir devant le décès de la jeune Mariotte, Catherine s'affole en se voyant découverte. Elle tire les cheveux du cuisinier pour sanctionner le caractère outrageant de ses propos, tout en lui interdisant de répéter à quiconque les accusations qu'il vient d'oser proférer à son encontre.

Bien sûr, le cuisinier voit dans ces cris et ces menaces la confirmation de ses soupçons et s'empresse de tout raconter aux frères du défunt, qui sont trop heureux de pouvoir dénoncer un crime et de se débarrasser ainsi de leur encombrante belle-sœur. Ils prévoient déjà que, si celle-ci est déclarée coupable, elle ne pourra pas rester au château de Monthureux, qui devrait ainsi leur revenir de façon inespérée.

Leur neveu, Jehan de Savigny, confisque les clés du château à Catherine avant de livrer celle-ci au lieutenant général du bailli de Chaumont, Henri Bérauld. L'empoisonneuse va être conduite à Montigny pour y être « interrogée », c'est-à-dire torturée. En cet instant, Giraud de Parmentier, dont personne ne se souciait, intervient pour exiger de la suivre et partager son interrogatoire... ce qui constitue déjà le plus spontané et le plus maladroit des aveux ! Il n'en faut pas davantage pour asseoir la conviction du lieutenant général. Pour autant, ce dernier ne se prive pas de faire conduire Catherine et son amant à Paris, afin qu'ils y soient soumis à la torture.

Incarcérée à la Conciergerie, Catherine doit endurer la « question à l'eau », c'est-à-dire qu'elle est ligotée sur un chevalet et contrainte d'ingurgiter plusieurs litres d'eau... Bien qu'elle se sache perdue et qu'elle ne cherche même plus à nier avoir empoisonné son mari, on prolonge les sévices jusqu'à ce qu'elle défaille, en dépit des protestations de Giraud qui assiste à la scène et qui hurle qu'elle ment pour le protéger, alors que lui seul serait coupable.

Après de tels aveux croisés, Catherine de Châteauneuf est condamnée, sans surprise, à être brûlée vive. Pour que sa peine acquière valeur d'exemple, on lui inflige tout d'abord le supplice de la claie : elle se voit attachée à une armature de bois sur roues pour être promenée à travers les rues de Paris sous les yeux des badauds qui se déchaînent en lui jetant sarcasmes, insultes ou immondices. Elle est ainsi traînée jusqu'au Châtelet puis conduite dans une charrette vers le marché aux Pourceaux[1] où a été dressé le bûcher sur lequel elle va périr, le 13 mars 1456...

Le jugement qui condamne Catherine impose aussi le versement de mille livres parisis aux parents de Jacques d'Haussonville et de cent livres parisis à Gilles, le cuisinier, tout ceci à titre de dommages et intérêts ; ainsi que la confiscation des terres et de la châtellenie, qui doit être vendue au profit du Trésor royal.

Le cousin Jean de Chaudenay s'apprête déjà à profiter de cette sentence pour racheter Châteauneuf aux enchères, mais la châtellenie lui échappe encore une fois. En effet, le duc Philippe le Bon proteste contre cette décision de justice en faisant observer que le pouvoir royal n'a pas le droit de confisquer des terres qui se trouvent sur le duché de Bourgogne. De peur de s'attirer la colère du duc, Jean de Chaudenay n'ose donc pas enchérir. D'ailleurs, personne ne s'y risque, de sorte que Philippe le Bon peut s'emparer du château pour le donner à l'un de ses protégés, Philippe Pot, seigneur de La Roche-Nolay. Décision qui aurait du moins apaisé

1. Le marché aux Pourceaux était situé sur la butte Saint-Roch, approximativement à l'emplacement de l'actuelle rue Saint-Honoré.

Catherine, si elle avait pu savoir que son château tant aimé ne reviendrait jamais à son cousin…

Quant à Giraud de Parmentier, il a certainement été supplicié lui aussi, ou à tout le moins exécuté comme complice. Mais l'Histoire n'a même pas gardé trace de son procès. Comme si l'on avait voulu séparer les deux amants meurtriers jusque dans leur châtiment…

Giulia Tofana

(c. 1581-1659)

Le cas est rarissime, mais il existe des dynasties d'empoisonneuses. Ainsi la famille Tofana, qui a compté trois générations successives de criminelles en Sicile, au XVIIe siècle.

Tofana d'Adamo, fondatrice de la dynastie

Il n'existe que peu d'archives sur l'existence de Tofana d'Adamo[1], la première de sa famille à utiliser les vertus des plantes pour soigner ses voisins et qui en a peu à peu déduit qu'elle pouvait aussi s'en servir pour donner la mort. L'Histoire a seulement retenu qu'elle avait été contrainte par son père d'épouser un certain Francesco, qui semblait être un bon parti puisque sa famille comptait parmi les plus fortunées, ou plus exactement les moins pauvres de leur village sicilien. Toutefois, Francesco n'avait guère été habitué à travailler et, après son mariage, il passa ses journées à boire et à jouer, comptant sur son épouse pour trouver l'argent nécessaire au confort de leur couple. Éduquée, comme

1. Les incertitudes de l'état civil à cette époque font qu'on l'appelait plutôt Thophania d'Adamo, mais c'est cependant le nom de Tofana qu'elle a transmis à sa fille et plus tard à sa petite-fille.

toutes les femmes de son temps, pour se soumettre aux ordres de son mari, Tofana avait obéi à Francesco et avait même réussi à acquérir une certaine aisance en exerçant la profession d'apothicaire. C'est-à-dire qu'elle avait appris à connaître les plantes et leurs propriétés apaisantes ou curatives. Afin de frapper l'imagination de sa clientèle, elle prétendait sortir seule, les nuits de pleine lune, pour aller cueillir les herbes sauvages qu'elle revendait ensuite aux malades ou aux blessés.

Grâce à la façon dont elle utilisait les plantes, en tisane, en décoction ou en cataplasme, et plus encore grâce à la confiance qu'elle savait inspirer à ceux qui venaient la consulter, sa réputation dépassa rapidement les limites de son village et lui attira de plus en plus de clients. Tout en lui décrivant leurs souffrances pour qu'elle puisse les soigner au mieux, ils se confiaient à elle, et elle les laissait patiemment se livrer, se plaindre le plus souvent, mais aussi s'autoriser certains aveux. Elle ignorait que cette écoute participait à leur guérison, mais chacun pouvait constater que ses soins étaient efficaces.

Le succès qu'elle rencontrait dans son village l'encouragea à aller s'établir à Palerme pour développer son commerce. Elle prévoyait que, là-bas, le bouche-à-oreille lui attirerait une clientèle plus nombreuse et surtout plus fortunée. Francesco accepta volontiers de la suivre. Sans doute était-il fier du succès de sa femme, ou plus simplement soulagé de pouvoir se reposer sur elle. Il n'envisageait même pas que Tofana puisse se lasser de l'entretenir. Et comme il ignorait qu'en apprenant les vertus curatives des plantes, elle avait aussi découvert que certaines herbes pouvaient s'avérer mortelles, il attribua son affaiblissement progressif et ses malaises au changement de région. Il en conclut que les grandes cités comme Palerme ne lui convenaient pas, et mourut sans avoir jamais eu le moindre soupçon à l'encontre de son épouse.

Tofana d'Adamo en déduisit qu'elle avait commis un crime parfait. Elle ne se doutait pas que les marchandes d'herbes sauvages, comme les sorcières auxquelles elles étaient assimilées, suscitaient, au-delà de l'intérêt et de la curiosité, la crainte et la suspicion. La mort suspecte de son mari attira l'attention des autorités, qui arrêtèrent la veuve en retenant pour preuves les diverses raisons qu'elle aurait eues de vouloir la hâter. Elle fut donc condamnée à être brûlée vive et conduite sur le bûcher au mois de juillet 1633.

La mort pour tradition familiale

Tofana d'Adamo s'était chargée seule de l'éducation de sa fille, Giulia Tofana, et, pour lui permettre de subsister sans dépendre d'un mari, elle lui avait transmis sa connaissance des herbes et des bienfaits que peuvent apporter leurs feuilles, leurs fleurs ou leurs racines afin de guérir ou d'apaiser les souffrances.

D'ailleurs, consciente des corvées et des humiliations que son père avait imposées à sa mère, Giulia refuse fièrement, dès l'adolescence, toutes les propositions de mariage que lui vaut sa beauté, célébrée à travers Palerme. Elle se sait attirante et les hommages qu'on lui rend le lui rappellent régulièrement mais, au lieu de s'offrir à un seul homme, elle préfère se vendre aux plus fortunés de ses soupirants, avec la complicité admirative de sa mère. Elle aspire à être riche pour s'assurer le confort et la liberté auxquels elle tient par-dessus tout, et avoue même avoir l'ambition d'acquérir un titre de noblesse, ce qui est possible à cette époque moyennant paiement. Dans ce but, elle cumule les aventures d'un moment et les liaisons plus durables.

À ce jeu, elle se retrouve bientôt mère d'une fille, Girolama, à qui elle transmettra ses principes d'indépendance. Personne ne sait qui est le père de Girolama, et sans doute Giulia elle-même n'a-t-elle sur ce sujet aucune certitude. Mais son tempérament joueur lui inspire l'idée de faire croire aux plus riches de ses amants que chacun d'entre eux est le père de sa fille, pour qu'ils se sentent obligés d'assurer l'entretien de l'enfant.

Malgré sa réputation de fille facile, elle est encore fréquemment demandée en mariage par des hommes subjugués par sa beauté. Mais en ce XVIIe siècle où la plus noble ambition permise aux femmes est de se trouver un époux, Giulia persiste à repousser toutes ces propositions, tant elle tient à rester libre.

Après l'exécution publique de Tofana d'Adamo, elle reprend seule le commerce maternel. Elle soigne gratuitement les plus pauvres, qui la remercient comme ils le peuvent en lui apportant du gibier ou des fruits, et elle propose aux riches Siciliennes les plantes susceptibles de mettre en valeur leur beauté ou de la prolonger. Cette activité suscite les confidences de ses clientes, qui s'enhardissent très vite à lui raconter leurs vies, leur ennui mais aussi leurs espoirs, comme elles le faisaient avec Tofana d'Adamo. Ainsi Giulia prend-elle conscience de la détresse de nombre de ces femmes, et elle décide d'utiliser ses plantes pour leur venir en aide.

Grâce aux connaissances que sa mère lui a transmises, elle élabore un poison, demeuré célèbre dans l'Histoire sous le nom d'*aqua Tofana*, composé d'arsenic, de linaire, de cantharide officinale et d'extrait de muflier. Ce breuvage présente l'avantage d'être incolore et inodore, de sorte que ses détentrices peuvent le verser en toute discrétion dans le potage ou le vin de leur future victime. Et il ne procure pas une mort foudroyante propre à susciter des soupçons : au contraire, la première dose génère un affaiblissement progressif de celui qui le consomme, la seconde provoque nausées et dysenteries, ce qui laisse croire que le malade est atteint de la peste – maladie fréquente en Sicile à cette époque –, et la troisième ingestion, une dizaine de jours plus tard selon la posologie rigoureusement conseillée par Giulia, suscite une mort devenue prévisible et, en tout cas, apparemment naturelle[1].

Pour que ses clientes restent totalement insoupçonnables, Giulia a même l'habileté de vendre son *aqua Tofana* dans d'élégantes bouteilles d'huiles parfumées sur lesquelles est inscrit « manne de saint Nicolas de Bari », et que l'on peut donc confondre avec les fioles contenant des parfums ou des produits de beauté.

Bien sûr, elle s'enrichit avec la vente de ce poison, mais on ne peut l'accuser d'être cupide : elle ferait prospérer son commerce de façon moins dangereuse en se bornant à présenter les herbes censées conserver la beauté ou la jeunesse. En proposant son breuvage aux femmes qui souffrent dans leur foyer, elle poursuit une action solidaire et quasiment « féministe » avec plusieurs siècles d'avance.

---

1. Il serait inutile et dangereux de chercher aujourd'hui à reconstituer l'*aqua Tofana* : les progrès de la médecine légale ont vaincu l'impunité garantie autrefois par ce poison… !

En effet, elle ne l'offre jamais aux hommes qui, selon elle, détiennent assez de pouvoir dans la société pour n'avoir pas besoin de recourir au poison, arme considérée comme l'apanage des lâches… et surtout des plus faibles! Elle refuse également son *aqua Tofana* aux clientes qui reviennent vers elle solliciter d'autres bouteilles pour se débarrasser discrètement d'une rivale qui les gênerait dans leurs amours ou d'un parent fortuné dont elles hériteraient, voire d'un voisin encombrant. Faisant preuve d'une véritable déontologie inusitée dans un commerce tel que le sien, elle ne délivre son *aqua Tofana* qu'à celles qui lui racontent être mal mariées et en souffrir.

Tous les poisons mènent à Rome

Fragilisée par la mort de sa mère, Giulia s'abandonne à vivre une histoire d'amour avec un certain Manfredi, riche et séduisant Vénitien. Elle l'accueille de plus en plus régulièrement chez elle, bénévolement pour une fois, et, pour mieux se l'attacher tout en justifiant l'existence de sa fille bâtarde à ses côtés, elle se crée un personnage pathétique de jeune veuve respectable. Mais elle craint que Manfredi ne finisse par apprendre qu'elle s'est longtemps prostituée et qu'il ne la rejette. Alors, soudainement, elle préfère s'enfuir, pour maintenir intact le souvenir qu'il conservera d'elle. Elle quitte Palerme et part avec sa fille s'installer à Rome, en se souvenant que Tofana d'Adamo lui avait conseillé de toujours s'établir dans les quartiers les plus riches auxquels elle pouvait accéder, parce que c'est là que l'on peut rencontrer les personnes qui rapportent le plus.

Dans la Ville éternelle, elle s'impose comme à Palerme par sa beauté et sa liberté de mœurs. Entre plusieurs amants fugaces, elle noue aussi une liaison régulière avec un cardinal, à qui elle se permet de s'attacher puisqu'elle sait qu'il ne pourra jamais lui proposer le mariage. Peut-être est-elle aussi sensible aux somptueux cadeaux qu'il lui apporte, ainsi qu'à ses promesses de lui faire obtenir l'absolution pour ses péchés, car elle reste sincèrement très pieuse. Preuve en est que, même dans sa luxueuse demeure romaine, elle garde au-dessus de son lit les humbles portraits des quatre saintes patronnes de la ville de Palerme : Agata, Ninfa, Cristina et Oliva, afin de s'assurer leur protection, particulièrement nécessaire pour une femme qui mène une vie aussi réprouvée qu'elle !

Grâce au soutien du cardinal qui l'impose à ses côtés au sein des plus grandes familles, Giulia constate que les femmes romaines sont aussi soumises à leurs maris que les Siciliennes, et elle s'en désole au point de finir par remettre sur le marché son *aqua Tofana*. Aux mêmes conditions financières, c'est-à-dire avec un prix fixé en tenant compte de la fortune de ses clientes…

Elle est la première étonnée par son nouveau succès. Pour répondre à toutes les demandes, elle doit même solliciter l'aide de Girolama, sa fille, qu'elle avait d'abord souhaité maintenir à l'écart de son commerce. Puis elle engage trois jeunes femmes, à qui elle donne pour mission d'accueillir les clientes et de les faire patienter. Elle pourrait aussi leur demander de préparer l'*aqua Tofana*, mais un réflexe de prudence lui interdit de transmettre sa recette : elle craint qu'une de ses servantes ne soit tentée de la quitter un jour ou l'autre et de la concurrencer. C'est seulement à sa fille qu'elle apprend à confectionner son breuvage, pour que celle-ci puisse poursuivre après elle la tradition familiale. Et encore ne lui permet-elle pas de discuter avec la clientèle : c'est un privilège qu'elle se réserve, car elle sait que son écoute attentive et compatissante lui assure la fidélité et la discrétion de ces femmes dont elle soulage la détresse.

Bref, Giulia a tout organisé, tout prévu pour que son commerce continue de prospérer sereinement, dans une discrète impunité.

Les meilleurs commerces ont une fin

Pourtant, cette activité lucrative va connaître une fin foudroyante, causée par la stupidité d'une cliente : la comtesse de Ceri. Celle-ci a découvert que son mari la trompait et, lorsqu'elle le lui a reproché, non seulement il n'a pas nié mais il a répondu à ses cris par des coups et a fini par la menacer du fouet. Encore plus jalouse que blessée, la comtesse s'abandonne à sa colère et va quémander chez Giulia un flacon d'*aqua Tofana*, que celle-ci lui vend assez cher puisqu'elle sait que les Ceri sont fortunés.

La comtesse bafouée rapporte chez elle l'élixir qui lui permettra de se venger et, pour ne pas éveiller les soupçons de son mari, avant de lui faire avaler le poison fatal, elle feint de se radoucir et de lui pardonner son infidélité. Contre toute attente, celui-ci se montre ému par l'abnégation de son épouse et lui présente à son tour ses excuses pour les brutalités commises. Peut-être va-t-il même jusqu'à prétendre regretter de l'avoir trompée. En tout cas, son repentir semble si sincère que la comtesse a des remords, et finit par le supplier de ne pas toucher à ce qu'elle lui a servi. Attitude qui, évidemment, intrigue le comte.

Il croit d'abord qu'il s'agit d'un philtre d'amour et, comme il exige la vérité, il a la surprise d'entendre sa femme lui avouer qu'elle avait décidé de l'empoisonner... Insensible à ses larmes comme à son repentir, il dénonce son crime aux autorités pontificales, qui menacent la jeune femme de la torture pour obtenir des aveux complets. Sans scrupule, la comtesse livre alors le nom de Giulia Tofana, qui se voit immédiatement arrêtée et incarcérée en attendant d'être jugée.

Une rumeur non démontrée a prétendu à cette époque que Giulia, avertie par l'une des servantes des Ceri qu'elle allait être poursuivie, se serait enfuie de chez elle et aurait quémandé le secours de son amant le cardinal. Craignant le scandale, celui-ci aurait refusé de l'héberger mais lui aurait donné les moyens de se réfugier dans une église pour y bénéficier du droit d'asile, qui interdisait toute arrestation dans les lieux de culte. Giulia s'y serait installée et y serait restée durablement, avec le soutien de ses clientes les plus reconnaissantes qui se seraient relayées pour lui apporter discrètement, entre deux messes, de quoi se nourrir. Jusqu'à ce que les autorités ecclésiastiques prétendent que « cette sorcière » aurait empoisonné l'eau bénite : sacrilège propre à justifier son arrestation, même dans une église.

Son procès suscite, en 1659, un scandale sans précédent. D'autant que Giulia, comprenant qu'elle est par avance condamnée, cède aux joies de la provocation et revendique fièrement ses crimes. Elle déclare avoir fourni à sa clientèle de femmes opprimées de quoi empoisonner environ six cents maris. Et elle croit se justifier en ajoutant n'avoir jamais fait payer les plus pauvres de ses clientes. Ce qui ne sert qu'à exaspérer davantage ses juges, qui retiennent qu'elle n'avait même pas la cupidité pour excuse... Mais, de toute façon, elle n'aurait pu attendre d'eux aucune clémence.

Sans surprise, Giulia et sa fille, Girolama, ainsi que leurs trois servantes, sont exécutées au mois de juillet 1659 en place publique pour que leur châtiment ait valeur d'exemple. Certaines de leurs clientes présumées sont arrêtées peu après, mais la justice craint de susciter de futures vocations d'empoisonneuses en révélant qu'un si grand nombre de Romaines avaient été tentées de se débarrasser de leurs maris ; aussi ces femmes échappent-elles à l'humiliation d'une exécution publique : elles sont discrètement étranglées dans leurs geôles...

Enfin, certaines archives italiennes affirment que Giulia aurait été sauvée au dernier moment du supplice auquel elle avait été condamnée. Un de ses amants lui aurait permis d'aller se réfugier dans un couvent napolitain où elle aurait été reconnue plusieurs années plus tard, et étranglée à son tour.

Cependant, cette dernière version reste trop imprécise pour être tout à fait crédible car on n'a jamais retrouvé le nom du couvent où Giulia aurait obtenu l'asile. Surtout, l'histoire n'explique pas comment un mystérieux justicier aurait ensuite retrouvé sa trace, ni pourquoi il l'aurait étranglée. Ce n'est donc probablement qu'une légende. Qui montre seulement que la révolte de Giulia a tellement stupéfait son époque que certains de ses contemporains, admiratifs malgré eux, ont refusé de croire qu'une telle femme ait pu être exécutée comme une simple criminelle, préférant imaginer que sa condamnation officielle dissimulait pudiquement une renaissance dans un couvent, lieu idéal pour assurer sa rédemption.

Preuve que Giulia Tofana a légitimement effrayé les tenants de la société patriarcale, mais aussi qu'elle a fasciné ses proches et, sans doute, contribué à faire réfléchir ou rêver bien des femmes…

Marie-Madeleine d'Aubray, marquise de Brinvilliers

(1630-1676)

À Paris, le 21 décembre 1651 est célébrée en l'église Saint-Eustache l'union de la jeune Marie-Madeleine d'Aubray avec Antoine Gobelin. Cette élégante cérémonie concrétise l'ascension sociale de la famille d'Aubray et ne peut que réjouir le père de la mariée, Dreux d'Aubray[1].

Un mariage qui consacre la réussite de deux familles

Issu d'une dynastie de riches teinturiers, Dreux d'Aubray avait suivi des études de droit et était brièvement devenu avocat au parlement de Paris, avant de se porter acquéreur d'un office de conseiller au Grand Conseil. Il a terminé sa carrière comme lieutenant civil au Châtelet de Paris, c'est-à-dire qu'au-delà de l'aspect honorifique (et lucratif!) de ses fonctions, il détenait à lui seul les pouvoirs de justice, de police et d'administration sur Paris et ses environs.

1. Il avait été prénommé Dreux pour maintenir le nom de sa famille maternelle. Sa mère, Louise Dreux, était la fille de Jean Dreux, seigneur de Ligueil et procureur général en la chambre des comptes.

En février 1629, il avait épousé Marie Olier, dont le père avait été conseiller du roi. Avant de mourir prématurément, Marie Olier avait donné à son mari cinq enfants, dont l'aînée était Marie-Madeleine, née le 22 juillet 1630.

Le jour de son mariage, cette jeune fille assez jolie se distingue surtout par sa fragilité et son apparente candeur. Car Marie-Madeleine est de petite taille, élégamment proportionnée, avec un teint très clair et de grands yeux bleus innocents.

Comme elle, son époux est d'excellente famille. Ses ancêtres étaient eux aussi des teinturiers mais, dès qu'ils sont venus s'établir à Paris, ils ont placé leur fortune dans l'achat de terrains, au point que le quartier a pris leur nom de Gobelin... Le père d'Antoine était devenu conseiller au parlement de Paris puis maître des requêtes et président de la chambre des comptes : les pères des mariés ont donc un parcours professionnel très proche, mais ils s'estiment davantage qu'ils ne rivalisent.

Antoine Gobelin ayant perdu ses deux frères prématurément, il est appelé à hériter seul de la fortune familiale. Déjà, il possède des terres en Picardie, d'importantes rentes, et surtout un superbe hôtel particulier à Paris, rue Neuve-Saint-Paul. Il a aussi prévu de faire oublier ses origines commerçantes en se lançant dans une carrière militaire : il est devenu chevalier de Malte et s'apprête à servir dans la cavalerie du prince de Condé, pour justifier un prochain anoblissement.

En somme, Gobelin se montre aussi viril et ambitieux que Marie-Madeleine est fragile, ce qui correspond aux idéaux de l'époque. Les deux familles peuvent se féliciter de cette union, qui promet aux jeunes époux le bonheur ou, à tout le moins, la prospérité...

Au-delà des apparences...

Il ne faut pourtant pas se fier à cette apparence idyllique. En effet, à l'âge de sept ans, alors qu'elle venait de perdre sa mère, Marie-Madeleine a été victime d'un viol. Au moment des faits, elle ne s'est confiée à personne, et en a gardé un sentiment de culpabilité aussi lourd que définitif... ainsi qu'une grande liberté de mœurs. Dépouillée de la virginité qui est considérée comme le premier attrait des jeunes filles, elle a perdu toute retenue face aux tentations de la sexualité, qu'elle a explorée dès l'adolescence avec son frère aîné, puis son frère cadet et, plus tard, avec son mari, ses amants et quelques amies. Par plaisir, par intérêt et parfois même par amour, elle égrène les liaisons, sans provocation mais sans pudeur non plus.

Il est vrai qu'elle n'était guère surveillée, puisque sa mère est morte prématurément, et son père, surtout préoccupé de sa carrière, n'a pas vu sa fille grandir. Il s'est aperçu qu'elle était devenue femme seulement lorsque Thérèse, une autre de ses filles, a dénoncé la liaison de Marie-Madeleine et de son frère Antoine, qu'elle a surpris dans les bras l'un de l'autre. Cette relation incestueuse a scandalisé Dreux d'Aubray, au point qu'il n'est même pas arrivé à en parler aux intéressés. Il n'a exprimé aucun reproche à son fils, mais a décidé de marier sa fille au plus vite.

Avec Antoine Gobelin, qui est en effet un gendre idéal. Pour autant, ce ne sera jamais un bon mari...

Les amis de nos maris sont nos amants

Marie-Madeleine et Gobelin forment un ménage d'autant plus paisible et harmonieux qu'ils ne s'aiment pas. La jeune femme n'éprouve aucun désir pour son mari mais celui-ci, loin de s'en montrer affecté, se console gaillardement dans les bras de jeunes gourgandines professionnelles. Le couple rassure tout de même les deux familles alliées, également soucieuses d'avoir une descendance qui recueillera leur patrimoine, en ayant une première fille dès le 17 novembre 1652.

Quand Marie-Madeleine accouche d'une deuxième fille, les deux grands-pères cachent leur déception, mais ils ont tort de s'inquiéter puisque, le 14 septembre 1659, naît enfin le premier héritier mâle du foyer.

Décidément, les jeunes époux semblent concrétiser sans efforts toutes leurs ambitions, et celles de leurs pères. Gobelin a encore agrandi son patrimoine en rachetant des terres à l'une de ses tantes. Et il obtient du roi Louis XIV que sa seigneurie de Sains soit érigée en marquisat. Il n'a qu'un regret, dérisoire : à cause d'une faute d'orthographe, lui qui possède les terres de Brunvillers n'est pas anobli comme marquis de Brunvillers mais de Brinvilliers. Son père le console négligemment en lui disant qu'il appartiendra à lui ou à sa femme de rendre célèbre ce nom de Brinvilliers. Paroles prophétiques…

Désormais, le couple a réalisé ses espérances et ne songe plus qu'à jouir du temps présent. Gobelin noue une liaison avec une comédienne, qu'il trompe joyeusement avec des prostituées. Davantage soulagée que jalouse, Marie-Madeleine occupe son temps en courant les salons mondains. Elle y rencontre, parmi d'autres courtisans, Madame de Sévigné, et de nombreux artistes comme Jean de La Fontaine. En somme, leur vie conjugale s'écoule agréablement, sans amour et sans reproche.

Jusqu'à ce soir de mai 1657 où Gobelin ramène chez lui l'un de ses compagnons de plaisirs : un certain Jean-Baptiste Gaudin, qui s'est lui-même attribué le titre de chevalier de Sainte-Croix. De façon tout aussi mensongère, il se prétend bâtard d'un aristocrate, alors qu'il est le fils tout à fait légitime de Guillaume Gaudin, directeur de la trésorerie du Languedoc. Il s'était d'abord engagé dans l'armée, avant d'abandonner son régiment lorsqu'il a pris conscience que son charme viril et sa conversation pouvaient lui permettre de faire fortune sans courir de risques… Libertin et séducteur, il est aussi cupide qu'ambitieux et prêt à tout pour satisfaire ses (multiples) appétits.

Marie-Madeleine se trouve immédiatement subjuguée par sa prestance, et plus encore par les fêlures qu'elle devine en lui et qui reflètent tellement les siennes. Très vite, tous deux deviennent amants, et trop épris l'un de l'autre pour chercher à se cacher du mari, qu'au demeurant cette liaison ne perturbe guère. Au contraire, il en profite pour dépenser sans compter, afin de satisfaire les caprices de ses maîtresses régulières comme de ses aventures d'un soir.

Sainte-Croix peut donc s'installer à demeure chez les Brinvilliers. Il raconte à Marie-Madeleine s'intéresser à la chimie et prendre des cours auprès de Christophe Glaser, un savant qui a notamment découvert le sulfate de potassium et est l'apothicaire du roi. Emporté par son élan, il lui confie même que Glaser se flatte d'avoir vécu à Florence et d'en avoir rapporté des formules de poisons aussi efficaces qu'indécelables en cas d'autopsie…

Fascinée par cet amant qui comble sans le savoir même ses attentes les plus secrètes, Marie-Madeleine l'écoute passionnément. Près de lui, elle s'épanouit enfin, et elle oublierait tout à fait son mari si Sainte-Croix, inquiet pour son propre confort, ne lui faisait observer que Gobelin dépense de plus en plus d'argent avec ses maîtresses…

La jeune marquise en parle à son père, qui utilise ses fonctions de lieutenant civil pour faire mener une rapide enquête et découvre que la situation est encore plus inquiétante que sa fille ne le craignait. Son gendre dilapide ses rentes entre toutes ses liaisons et, si l'on n'intervient pas, il finira par y laisser son patrimoine, et tout ce que ses parents et ses beaux-parents ont acquis pour leurs descendants…

Dreux d'Aubray ordonne aussitôt à sa fille de solliciter une séparation de biens, ce qui permettra de préserver au moins sa dot des créanciers. Et il joue de ses relations dans le monde judiciaire pour que Marie-Madeleine obtienne gain de cause au plus vite.

C'est au cours du procès qu'il apprend par Gobelin que sa fille n'est pas irréprochable elle non plus, et qu'elle a installé un amant au domicile conjugal. L'austère Dreux d'Aubray en reste indigné. D'autant qu'en vérifiant cette information, il découvre que Sainte-Croix est sans ressources et se fait entretenir par les Brinvilliers ! Il ne peut tolérer un tel mépris des valeurs morales… et financières. Aussi tente-t-il immédiatement de faire entendre raison à sa fille, sans succès, car celle-ci ne lui doit plus obéissance comme au temps où il l'avait forcée à se marier. Seul le mari pourrait déposer plainte pour adultère et obtenir l'incarcération des deux amants, mais Gobelin ne se soucie nullement de la liaison de Marie-Madeleine.

Alors, pour sauver malgré eux sa fille et son gendre de la débauche où ils sont tombés, Dreux d'Aubray ne voit qu'un ultime recours : il sollicite et obtient du roi une lettre de cachet, afin de faire emprisonner Sainte-Croix à la Bastille. À cette époque où la justice n'est pas rendue publiquement, il est loisible au souverain d'ordonner l'incarcération d'un de ses sujets sans même l'entendre ni lui permettre de se défendre. De sorte que, le 19 mars 1663, Sainte-Croix est arrêté sous le regard désespéré mais impuissant de Marie-Madeleine, et conduit à la Bastille…

Il y restera jusqu'au 1er juillet 1663, date où il s'engage à rompre toute relation avec sa maîtresse. D'ailleurs, pour être aussi crédible que possible, il se fiancera et se mariera, dans l'année qui suit, avec une femme qui ne lui pardonnera jamais de l'avoir épousée par commodité et qui cherchera à se venger par tous les moyens.

Pour l'heure, Marie-Madeleine se voit séparée de l'homme qu'elle aime et qui est incarcéré. Elle supplie son mari d'intervenir pour le faire libérer, mais Gobelin n'a aucun moyen de faire annuler les ordres donnés par l'influent Dreux d'Aubray. Il l'explique à son épouse, qui ne pardonnera jamais à son père de s'être, encore une fois, immiscé dans sa vie, toujours pour la sacrifier aux intérêts patrimoniaux de la famille et à son sens de la morale.

Elle enrage de ne pouvoir s'opposer à lui. Mais Dreux d'Aubray pèse sur elle du poids de toute son autorité paternelle, tandis qu'elle n'est qu'une femme, et pire encore : une femme adultère. Aussi, puisqu'elle ne peut que se soumettre, elle simule l'apparence du repentir, même si sa révolte n'en est que plus profonde envers ce père qui lui avait déjà imposé un mariage et qui vient de la séparer de l'homme qu'elle aime. Elle le hait de toute la force de son impuissance, en se répétant qu'elle ne sera jamais libre tant qu'il vivra. Tandis qu'après sa mort, elle héritera de lui et pourra bénéficier de la parfaite indifférence que son mari manifeste envers elle et son amant…

Bref, elle retourne consulter Christophe Glaser, qui lui vend une mixture composée de bave de crapaud (il faut bien impressionner la clientèle !) mêlée plus sérieusement à de l'arsenic et à une décoction de plante méditerranéenne non déterminée : ciguë, belladone ou laurier-rose.

Dès qu'il est libéré, Sainte-Croix loue un petit appartement près de la place Maubert, officiellement pour y poursuivre des recherches alchimiques sur la pierre philosophale, censée transformer le plomb en or. Bien sûr, ce prétendu laboratoire est aussi utilisé comme garçonnière pour y recevoir à l'insu de tous Marie-Madeleine, que cette clandestinité rend plus éprise que jamais.

Comme il lui faut bien justifier ses absences de son domicile, elle se découvre une vocation charitable et prétend visiter les hôpitaux, afin d'apporter des pains d'épices et des sucreries aux miséreux. Même si le fait n'a pas pu être démontré au cours de son procès, il semble que, lorsqu'elle se rend vraiment dans les hôpitaux, ce soit pour tester sur ces malades anonymes les proportions de poison susceptibles de provoquer une mort juste assez lente pour être attribuée à quelque maladie.

Le reste du temps, elle va rappeler à Sainte-Croix leur amour…

La vengeance est un plat qui se mange en famille

Bien que Dreux d'Aubray reste dubitatif devant le repentir de sa fille, il choisit d'y croire. D'autant que leurs retrouvailles ont lieu à un moment où il se sent étrangement affaibli. Il en conclut que ce sont les premiers effets de la vieillesse et qu'il est temps de se rapprocher de ses enfants, avant de les quitter définitivement.

Il est désormais si fatigué qu'au mois de mars 1666, il préfère se retirer dans son château d'Offémont. Faisant preuve d'un dévouement inespéré, Marie-Madeleine se propose de l'y accompagner. Sa présence rassure le vieil homme, qui continue de décliner de semaine en semaine. Au point qu'en septembre, il exige qu'on le rapatrie à Paris, afin de revoir une dernière fois ses autres enfants. Sans surprise, il s'éteint le 10 septembre 1666. Ses obsèques sont célébrées en l'église Saint-Eustache, là où Marie-Madeleine s'était mariée quinze ans plus tôt.

Le règlement de la succession frustre la jeune femme, qui n'hérite de rien, strictement rien, puisque son père a considéré que la dot versée lors de son mariage (mais dépensée depuis…) était bien suffisante. Sa sœur Thérèse, demeurée célibataire, reçoit les liquidités nécessaires au rachat du château de Villiers-sur-Orge. Les principaux bénéficiaires de la mort de Dreux d'Aubray sont ses deux fils : Antoine hérite le château d'Offémont et François perçoit des valeurs.

Même si Marie-Madeleine se sent soulagée et vengée par la mort de son père, elle ne peut se résigner à ce que ses frères profitent seuls du lent empoisonnement qu'elle a commis à l'insu de tous. D'autant qu'elle leur en veut, à eux aussi, en souvenir de leur jeunesse commune, au cours de laquelle Antoine et François ont découvert avec elle le plaisir en toute impunité alors que, pour ces mêmes péchés, elle s'est trouvée mariée à un homme qu'elle n'aimait pas et qui n'a cessé de la décevoir. Elle garde aussi de la rancune envers sa sœur Thérèse, qui l'avait surprise et aussitôt dénoncée à son père.

Bref, depuis son adolescence, elle déteste chacun des membres de sa famille, sauf peut-être sa sœur Marie, devenue religieuse. Aussi, après avoir réussi en toute impunité à empoisonner son père, envisage-t-elle d'étendre sa vengeance à ses frères et, plus tard, à sa sœur Thérèse.

Néanmoins, elle ne fréquente pas assez régulièrement Antoine ni François pour les empoisonner à leur tour. À moins qu'elle ne trouve un procédé... Elle est stimulée pour ce faire lorsqu'elle apprend que son frère Antoine va se marier, au mois de février 1668, avec Marie-Thérèse Mangot, une jeune femme issue d'une famille fortunée qui reçoit une dot de 200 000 livres. À l'appétit de vengeance s'ajoute désormais la jalousie devant la fortune qui échoit à ce nouveau couple et, accessoirement, la cupidité, car Marie-Madeleine peut espérer hériter de son frère s'il meurt avant d'avoir eu des enfants. Aussi envoie-t-elle servir chez lui l'un des valets de Sainte-Croix, Jean Hamelin, surnommé La Chaussée, après s'être brièvement offerte à lui pour s'assurer sa fidélité.

C'est à cette époque qu'Antoine d'Aubray commence à souffrir de nausées, après avoir mangé une tourte composée d'abats et de champignons… Ce pourrait être une banale intoxication alimentaire, d'autant que tous ses invités qui y ont goûté sont malades, eux aussi. Toutefois, les autres se rétablissent après être rentrés chez eux, tandis qu'Antoine, toujours soigné par La Chaussée, continue de s'affaiblir, inexorablement, jusqu'à sa mort, le 17 juin 1670. Les larmes de Marie-Madeleine sont sincères : puisqu'elle apprend qu'Antoine, bien qu'il n'ait pas eu d'enfant, l'a superbement oubliée dans son testament…

Mais déjà son frère cadet, François, tombe malade à son tour. Âgé d'à peine trente-cinq ans, il maigrit et s'affaiblit. Très vite, Marie-Madeleine vient s'installer chez lui pour veiller à ce qu'il prenne ses médicaments, avec cette attention de tous les instants qu'elle manifeste chaque fois qu'un membre de cette famille haïe est alité. Bien sûr, comme son père et son frère aîné, François ne tarde pas à mourir, le 12 novembre 1670.

Ces trois deuils rapprochés suscitent des doutes et des insinuations. Au point que les médecins procèdent à l'autopsie de François, mais leur science ne leur permet de détecter aucune preuve d'un empoisonnement…

Il faut se méfier de ses anciens amants plus que de ses ennemis

Depuis que Gobelin a reçu le titre de marquis, sa situation n'a fait que se dégrader. Comme si, après avoir réalisé ses ambitions en achetant des terres et en obtenant un anoblissement, il n'avait plus trouvé d'objectifs à atteindre et s'était consacré à des plaisirs aussi interdits que coûteux. Il multiplie les liaisons tarifées et fréquente les salons de jeu. Marie-Madeleine joue aussi, moins par plaisir que par orgueil, pour montrer à ses amis combien l'argent compte peu pour elle. Et elle perd, négligemment, tout en continuant d'entretenir son amant, avec l'accord tacite de son mari.

Jusqu'à ce que le ménage se trouve financièrement acculé, au point de ne plus pouvoir régler les gages des domestiques, de devoir quémander des délais de paiement aux fournisseurs et, peu à peu, de vendre les biens hérités ou acquis.

Désormais, Sainte-Croix ne peut plus compter sur eux pour assurer son confort et, c'est un comble, il se voit même contraint de prêter à sa maîtresse de l'argent qu'elle ne lui remboursera sans doute jamais.

Ces difficultés financières ont fatalement des répercussions sur le couple d'amants. Marie-Madeleine constate que Sainte-Croix se détache d'elle. Pour le garder, elle n'entrevoit plus d'autre solution que de l'épouser et, pour cela, il lui faut d'abord empoisonner son mari. Sainte-Croix devine ce projet mais, loin de se montrer flatté par cette passion, il est effrayé à la perspective de se trouver lié à une femme aussi dangereuse que versatile. De sorte que, chaque fois que Marie-Madeleine revient de chez Glaser et qu'il la soupçonne d'avoir glissé de l'arsenic dans le repas de Gobelin, il ajoute à ces plats tous les contrepoisons qu'il connaît… Ignorant l'enjeu qu'il représente, le naïf Gobelin se goinfre ingénument de tout ce qu'on lui sert. Jusqu'à ce que son épouse renonce à l'empoisonner et préfère utiliser l'arsenic comme menace, en jurant à Sainte-Croix qu'elle se suicidera s'il la quitte.

Quand elle parvient à se calmer, elle implore son amant de bien vouloir lui restituer les lettres qu'elle lui a adressées depuis le début de leur liaison, et dans lesquelles elle évoque explicitement sa volonté de se venger des membres de sa famille en les empoisonnant les uns après les autres. Mais ni ses supplications ni ses larmes n'émeuvent Sainte-Croix, qui se contente de jurer à Marie-Madeleine que jamais il ne divulguera cette correspondance, à laquelle il prétend être tendrement attaché et qu'il garde au domicile conjugal, dans une cassette verrouillée. Sans doute y voit-il une sorte d'assurance sur la vie… D'ailleurs, Marie-Madeleine découvre peu après qu'il l'empoisonne par de petites doses quotidiennes et, lorsqu'elle l'accuse, il admet avoir voulu sa mort parce qu'il a trop peur d'elle.

En somme, sans oser se l'avouer, chacun des deux souhaiterait désormais rompre avec l'autre, mais ils partagent trop de (coupables) secrets pour s'y risquer.

Quand Marie-Madeleine et son mari cherchent un précepteur pour leurs fils, Sainte-Croix leur suggère d'engager un certain Briancourt, prénommé comme lui Jean-Baptiste. Celui-ci est encore jeune mais déjà très cultivé : issu d'une famille modeste, il se montrait si doué pour les études que le curé de sa paroisse lui a donné les moyens de les poursuivre. Et de plus, il est très beau…

Il s'éprend avec toute la puissance de sa jeunesse de Marie-Madeleine qui, bien sûr, n'y résiste pas ! Elle se partage désormais entre Sainte-Croix et lui et, ce qui est plus grave, pour lui prouver qu'elle le préfère, elle lui avoue ne rester liée à son ancien amant que par les empoisonnements qu'ils ont prémédités ensemble. Elle lui décrit l'agonie de son père et celle de ses frères... Puis, d'aveux en confidences, elle lui suggère d'aller se faire engager chez sa sœur Thérèse : celle qui avait dénoncé ses relations incestueuses au temps de l'adolescence... Celle qui est restée célibataire, confite en dévotion au point de ne presque rien dépenser alors que son père et ses frères lui ont légué un patrimoine important... Celle qui n'a pas d'héritier direct... Bref, Briancourt finit par comprendre ce que sa maîtresse attend de lui, mais refuse avec indignation d'empoisonner Thérèse, quelle que soit sa fortune.

Marie-Madeleine croit voir dans cette réponse un blâme, sinon une menace de dénonciation. Elle prend peur et, pour éviter tout risque, elle invite suavement Briancourt à la rejoindre un soir dans sa chambre, en lui promettant qu'elle sera seule et qu'il pourra passer toute la nuit auprès elle. Le précepteur accepte, non sans méfiance : le soir venu, il surveille d'une fenêtre la chambre de la marquise et voit qu'elle y accueille Sainte-Croix, qui se dissimule dans la cheminée. Briancourt se rend tout de même au rendez-vous mais, dès que sa maîtresse l'invite sournoisement à éteindre les chandelles, il se rapproche de la cheminée et en extirpe son rival ! Tout en menaçant les anciens amants de créer un scandale s'ils tentent de le tuer comme ils en avaient l'intention.

Sainte-Croix quitte piteusement la pièce tandis que, pour faire taire Briancourt, la marquise menace (encore !) de s'empoisonner sur-le-champ. Quelques jours plus tard, au moment de rentrer dans l'hôtel des Brinvilliers, Briancourt reçoit deux coups de pistolet, qui trouent son habit sans le blesser...

Ces jeux de l'amour et de la mort vont se poursuivre entre Marie-Madeleine, ses deux amants et son mari, jusqu'à ce qu'ils se trouvent tous séparés par les créanciers des Brinvilliers, qui obtiennent enfin la saisie et la vente de l'hôtel de la rue Neuve-Saint-Paul. Le marquis sera hébergé chez sa belle-sœur, la veuve d'Antoine d'Aubray. Marie-Madeleine trouve asile au couvent des chanoinesses de Picpus, tandis que Briancourt reprend ses études chez les pères de l'Oratoire et que Sainte-Croix retourne chez sa femme.

C'est un apaisement pour chacun d'eux. Jusqu'au 31 juillet 1672…

La trahison posthume de Sainte-Croix

Ce soir-là meurt Sainte-Croix. Sans avoir jamais restitué à Marie-Madeleine la cassette contenant ses lettres et sa confession. Ses propres créanciers font apposer les scellés chez lui. C'est donc seulement en dressant l'inventaire qu'on découvre la fameuse cassette, si compromettante pour Marie-Madeleine. Sainte-Croix, prévoyant qu'on risquait de la trouver après sa mort, a pris la précaution d'indiquer que ce coffret devrait impérativement être restitué à la marquise de Brinvilliers ou, à défaut, brûlé sans qu'on l'ouvre. Mais le commissaire Sébastien Picard enferme la cassette dans une petite pièce qu'il scelle et dont il confie la clé à deux sergents, Cruellebois et Cluet.

La veuve Sainte-Croix s'empresse de prévenir la marquise, pour le plaisir de l'inquiéter : c'est sa première vengeance envers la maîtresse qu'avait aimée son mari… Marie-Madeleine essaie de sauver la face en prétendant que tout ceci n'a guère d'importance, mais elle demande le nom du gardien des scellés et tressaille en apprenant qu'ils sont plusieurs. Le soir même, elle s'abaisse à aller implorer Mme de Sainte-Croix, qui refuse de la laisser entrer chez elle pour briser les scellés et remplacer ses lettres par des papiers anodins. Elle se précipite à tout hasard chez le commissaire Picard, mais ne le trouve pas chez lui. Le lendemain, Mme de Sainte-Croix va chez elle lui proposer de récupérer la cassette... en échange d'une importante somme d'argent, que Marie-Madeleine est loin de posséder. Elle essaie bien de marchander, puis fait appel à ses relations pour tenter de se faire restituer cette cassette, dont elle répète à loisir que le contenu n'a ni valeur ni importance. Elle est trop affolée pour comprendre que son attitude ne peut qu'attirer l'attention sur l'énigmatique cassette ! La veuve de Sainte-Croix en déduit qu'il doit y avoir des bijoux ou de l'or, et elle incite le commissaire à briser les scellés au plus vite.

Le résultat surprendra tout le monde : la cassette contient des sachets de différentes poudres, ainsi que du vitriol romain, et toute la correspondance de Marie-Madeleine, qui s'y livre sans la moindre retenue. On y lit son amour pour Sainte-Croix mais aussi ses chantages au suicide et ses projets d'empoisonnement. Il y a même, sous les lettres, diverses fioles contenant des poisons et les recettes pour les utiliser au mieux, ou plutôt au pire...

Comme pour compromettre encore davantage la marquise, le valet La Chaussée exhibe une reconnaissance de dette de son maître et en réclame paiement. Or, comme on ne peut croire qu'un simple domestique ait disposé d'autant d'argent, les enquêteurs en concluent que sa créance correspond à un service rendu secrètement. Et ils découvrent que La Chaussée a servi chez le frère aîné de la Brinvilliers juste avant que celui-ci ne meure, et qu'il s'est ensuite placé chez l'autre frère de Marie-Madeleine, qui n'y a pas davantage survécu. La Chaussée est aussitôt arrêté, accusé, torturé et condamné à être roué vif. Il avoue alors avoir agi sur ordre de Sainte-Croix, lui-même manipulé par sa maîtresse.

Le jour même où il est exécuté, la marquise est condamnée par contumace à avoir la tête tranchée. Peu lui importe : elle s'est enfuie...

L'arrestation de la marquise

Prise de panique depuis qu'elle a compris qu'elle ne récupérerait jamais sa cassette, Marie-Madeleine s'est embarquée pour l'Angleterre avec de l'argent donné par sa sœur Thérèse. Apprenant qu'elle est pourchassée par les hommes de Colbert, elle reprend un bateau à destination des Flandres, où elle espère que la guerre lui permettra de passer inaperçue. Elle court d'Anvers à Bruxelles, de Cambrai à Valenciennes. Sa sœur Thérèse se montre assez généreuse pour continuer de lui faire parvenir de l'argent, et même pour interdire par écrit qu'après sa mort on autopsie son corps : on ne sait jamais... Quand Thérèse meurt, en août 1674, Marie-Madeleine, sans ressources, tente vainement de renouer avec son mari, puis trouve refuge dans un couvent de Liège où elle se sent enfin hors d'atteinte de la justice française.

Elle a tort. C'est désormais le ministre Louvois qui se charge de la rechercher. Et justement, il apprend par son réseau d'agents qu'une Française ressemblant à la marquise aurait été entrevue à Liège. Il envoie aussitôt sur place le chevalier du guet François Desgrez. Desgrez a autrefois servi Dreux d'Aubray, le père de Marie-Madeleine ; il a donc forcément aperçu à cette époque la fugitive et devrait être en mesure de la reconnaître.

Le 25 mars 1676, il se présente au maire de la ville de Liège. Tous deux se font ouvrir le couvent des sœurs Notre-Dame-des-Anges, où s'est réfugiée la marquise. La présence du maire lui permet d'accéder à la cellule de l'empoisonneuse. Dès que Marie-Madeleine voit pénétrer ces hommes, dont la présence est inhabituelle dans un couvent de femmes, elle devine qu'ils sont venus l'arrêter. L'ultime moyen de leur échapper est de casser un verre et d'en avaler les débris. C'est bien ce qu'elle tente de faire, mais Desgrez anticipe son geste et se jette sur elle pour l'en empêcher.

Et, avant même de quitter sa cellule, elle le voit fouiller méticuleusement la pièce, en quête du moindre indice ou d'un texte de confession. D'ailleurs, il confisque un coffret dans lequel elle a rangé des feuillets sur lesquels elle a (encore !) écrit aveux et souvenirs… De crainte qu'elle n'ait noué à Liège des liens d'amour ou d'amitié avec des gens susceptibles de l'aider à s'enfuir, il la fait transférer immédiatement à Maastricht, où elle est emprisonnée en attendant les autorisations nécessaires pour rentrer en France.

Avant même d'être jugée, Marie-Madeleine sait qu'elle sera condamnée, aussi tente-t-elle encore une échappatoire en avalant plusieurs de ses épingles à cheveux. Toutefois, elle n'en meurt pas et, comme Desgrez a surpris son geste, il lui retire tout ce que ses affaires de toilette contiennent de dangereux.

Le 26 avril 1676, elle est incarcérée à la Conciergerie, dans l'attente de son procès, au cours duquel même Briancourt vient témoigner contre elle, à contrecœur... Le verdict anéantit Marie-Madeleine mais ne la surprend pas : elle est condamnée à mourir sur l'échafaud et, auparavant, elle doit subir la torture d'avaler huit litres d'eau, puis faire publiquement amende honorable pour ses crimes, pieds nus et en chemise, devant le parvis de Notre-Dame. Après quoi elle est décapitée, et son corps est jeté au bûcher.

Dans une lettre à sa fille, Madame de Sévigné rapporte : « La Brinvilliers est en l'air. Son pauvre petit corps a été jeté, après l'exécution, dans un fort grand feu, et les cendres au vent. De sorte que nous la respirerons et, par la communication des petits esprits, il nous viendra quelque humeur empoisonnante dont nous serons tout étonnés. »

Sous sa frivolité apparente, la formule est prophétique puisque, peu de temps après, va éclater avec la violence des pires orages l'affaire des poisons, dominée par la sombre personnalité de Catherine Montvoisin, dite « la Voisin »...

Catherine Deshayes, veuve Montvoisin, dite « la Voisin »

(1640-1680)

On ne connaît presque rien de l'enfance de Catherine Deshayes. Pas même sa date de naissance exacte, que l'on peut seulement situer entre 1638 et 1640. Mais on sait qu'elle a grandi dans un milieu misérable avec, très jeune, la volonté de s'en échapper, puisque dès l'âge de neuf ans elle commence à étudier l'astrologie, pressentant que cette science lui permettra d'acquérir un puissant ascendant sur toutes les personnes avides de connaître leur avenir...

Une jeune mariée si convenable

Puis, comme la plupart des jeunes filles du XVIIe siècle, elle renonce à ses ambitions pour se marier, à dix-sept ans, avec un homme susceptible de lui apporter l'aisance recherchée : Antoine Montvoisin est bijoutier et possède une boutique à Paris, près du pont Marie. S'il avait eu le sens des affaires, sans doute sa femme se serait-elle contentée de tenir sa maison, selon la tradition de l'époque. En chrétienne fervente, elle va assister à la messe tous les dimanches ainsi qu'à toutes les processions célébrant les fêtes religieuses. Et elle s'occupe de sa fille, Marie-Marguerite.

Malheureusement, le commerce d'Antoine périclite. Catherine doit abandonner à regret les environs paisibles du pont Marie pour partir s'installer dans une maison beaucoup plus modeste, située dans la paroisse mal famée de la Butte-aux-Gravois[1], rue Beauregard. Le lieu est, à cette époque, sordide et pestilentiel, encombré des gravats déposés là par les Parisiens, mais Antoine Montvoisin a choisi de s'y établir parce que les commerçants qui viennent y tenir boutique sont dispensés du paiement de toute taxe. Catherine est bien obligée de suivre son mari, mais elle ne lui fait plus confiance. Désormais, elle sait qu'elle ne peut compter que sur elle-même pour assurer la fortune du ménage. Par tous les moyens…

La fortune à tout prix

Elle commence par s'improviser sage-femme, profession qui s'avère très lucrative dès que l'on profite de sa connaissance du corps féminin pour pratiquer en grand secret des avortements. Bien sûr, c'est le service que choisit de rendre Catherine. Elle y gagne une clientèle de malheureuses qu'elle délivre de leurs grossesses moyennant rémunération et dont elle reçoit les confidences, ce qui l'incite à développer encore son commerce en proposant à ces femmes en détresse de lire leur avenir, dans les cartes ou les lignes de la main. Soucieuse de satisfaire ses clientes, elle reprend ses études d'astrologie, désormais à la Sorbonne, ce qui lui vaudra la confiance admirative de consultantes prestigieuses et fortunées.

1. C'est actuellement le quartier dit Bonne-Nouvelle, dans le 2e arrondissement de Paris.

Attirées par la réputation grandissante de « la Voisin », selon le surnom qu'on lui donne en abrégeant négligemment son nom, ces dames se rendent discrètement rue Beauregard pour interroger la devineresse, qui lève le voile sur leur futur et qui s'offre ensuite à modifier leur destinée, notamment à l'aide de ses philtres d'amour, savamment composés de tout ce qui peut frapper l'imagination : bave de crapaud, rognures d'ongles, sang menstruel et sperme...

Peu à peu, Catherine constate à travers les questions qu'on lui pose que, contrairement à une idée reçue, ses consultantes ne viennent pas seulement quémander l'annonce de bonnes nouvelles. Enhardies par son écoute compréhensive, certaines avouent attendre avec impatience la mort d'un proche : un parent fortuné, un père autoritaire, une rivale en amour ou, le plus souvent, un mari encombrant... Aussi, pour rassurer sa clientèle et se distinguer des autres tireuses de cartes, Catherine se fait une spécialité de tout prédire : non seulement les espérances prévisibles et le bonheur souhaité, mais aussi les deuils. Ce qui lui confère une réputation de sincérité rare et lui permet de recueillir de plus en plus souvent ces confidences que l'on ne partagerait avec personne d'autre qu'elle...

Toujours avide de gagner plus d'argent, Catherine ne se contente bientôt plus d'apaiser ses clientes en leur promettant la mort de ceux qui les embarrassent : elle leur propose désormais de hâter ces décès. Tout d'abord en organisant des messes noires, c'est-à-dire des cérémonies calquées sur la messe catholique mais avec un rite inversé, pour s'attirer le soutien du diable, personnage réputé plus efficace que le bon Dieu pour tout ce qui concerne l'amour et la mort. Ces messes sont dites par l'un de ses complices, l'abbé Étienne Guibourg, un authentique membre du clergé, ancien aumônier du comte de Montgomery et sacristain de la paroisse Saint-Marcel, à Saint-Denis, qui n'hésite pas à célébrer ces rituels sataniques sur le corps entièrement nu de la cliente. Lorsque la mort sollicitée est assortie d'un héritage important, la Voisin suggère à la consultante de s'attirer les bonnes grâces de Satan en lui offrant, en plus, un sacrifice humain. Celui d'un enfant.

Et, comme la plupart de ces dames manifestent d'abord une réaction d'effroi, Catherine les rassure en leur expliquant que, moyennant quelques pièces d'or supplémentaires, elle peut leur trouver un bébé. Elle en a toujours plusieurs d'avance puisqu'elle se charge des nouveau-nés que lui abandonnent les mères en difficulté qui ne voulaient pas ou ne pouvaient plus avorter. Elle raconte à ces malheureuses qu'elle compatit à leur chagrin, ou à leurs remords, qu'elle comprend que ces dames n'osent pas aller déposer leur enfant sur les marches d'une église et, en leur rappelant que c'est plus facile pour elle qui n'est pas la mère, elle se propose d'accomplir cette besogne à leur place.

Ainsi cumule-t-elle les bénéfices. Avec la certitude de l'impunité car, pour se préserver de la damnation éternelle, elle fait dire au prêtre de sa paroisse de multiples messes qu'elle paye somptueusement, et elle-même récite des neuvaines en témoignage d'expiation. Soucieuse également d'éviter de finir condamnée à la potence en ce bas monde, elle noue et entretient des liaisons avec tous les hommes susceptibles de lui être utiles : plusieurs aristocrates tels que le comte de Labatie ou le comte de Couserans, mais aussi le cabaretier voisin, qui a l'élégance de ne pas lui facturer tous les alcools qu'il lui sert… Et surtout, le bourreau de Paris, André Guillaume en personne. Celui-ci lui fournit des talismans qu'il récupère dans l'exercice de son métier et que Catherine revend très cher. Notamment des cordes de pendus, réputées porter chance, ou encore des mains coupées sur les corps des condamnés, mains que Catherine momifie minutieusement en en extrayant le sang pour en faire ce qu'on appelle des « mains de gloire », et que les voleurs viennent lui acheter au prix fort, ces fétiches étant censés leur assurer l'impunité.

Époux complaisant, Antoine Montvoisin trouve des consolations dans le confort inespéré que lui procurent les activités de sa femme. D'ailleurs, s'il lui arrive de se fâcher, notamment parce qu'elle abuse de son esprit tolérant, ses colères sont vite maîtrisées. Un soir, Catherine exige que lui soient donnés cinquante coups de bâton par l'un de ses amants. Une autre fois, elle lui fait mordre le nez par le même amant. Et, quand Antoine menace de faire respecter ses droits d'époux, Catherine décide qu'il est temps de l'empoisonner. Le malheureux est sauvé de justesse par un signe que lui adresse discrètement leur servante, émue par la somme d'humiliations qu'il a déjà subies sans protester. Dompté, il ne tentera plus de s'opposer au libertinage ni surtout aux ambitions de son épouse, jusqu'à ce qu'il décède d'on ne sait trop quoi…

Se sentant libre et omnipuissante grâce aux appuis de sa clientèle, Catherine continue de développer ses activités commerciales d'avorteuse, tireuse de cartes, marchande de philtres d'amour et de « poudres de succession ». Désormais sortie de la misère, elle ne se permet pas pour autant de déménager, de peur de perdre une partie de sa clientèle qui a pris l'habitude de venir jusqu'à la Butte-aux-Gravois, mais elle profite de ses revenus pour goûter au confort dont elle avait toujours rêvé. Elle se fait même confectionner, pour le prix exorbitant de 15 000 livres, une « robe d'empereur » en velours cramoisi décoré d'aigles à deux têtes d'or, ce qui flatte sa folie des grandeurs tout en frappant l'imagination de ses consultantes.

Elle élabore certains poisons et en commande d'autres, qu'elle revend avec un large bénéfice : venins de serpents, arsenic, réalgar, orpiment, ciguë, acide prussique, mercure ou vif-argent, etc. À saupoudrer dans les ragoûts, à mélanger aux boissons, à administrer en lavement, à incorporer aux tissus des vêtements ou même à imprégner dans le cuir des gants… Bref, Catherine se vante de pouvoir répondre à toutes les demandes : des morts rapides pour les clientes très pressées ou, en l'absence d'urgence, des agonies plus lentes, qui présentent l'avantage d'être moins suspectes puisque leurs symptômes rappellent les maladies du temps. Un tel commerce ne peut que prospérer dans la mesure où la Voisin propose à sa clientèle tout ce qui, d'habitude, ne se vend pas : l'amour, la mort et l'avenir.

Comme prévu, les consultantes se font de plus en plus nombreuses. De plus en plus riches, aussi. Et quand Catherine n'a plus le temps de recevoir chacune d'elles, elle a une idée très novatrice : elle crée un réseau constitué de nombreuses devineresses et tireuses de cartes, à qui elle enseigne une partie de ses méthodes pour lire l'avenir et surtout pour extorquer les confidences des clientes, afin de les aider à réaliser leurs espérances et leurs ambitions. Elle est, en quelque sorte, la première à avoir créé des sociétés franchisées autour de son nom et de ses méthodes.

Les voyantes qui se mettent sous sa coupe le font par cupidité ou par nécessité. Il y a parmi elles d'anciennes prostituées et des épouses obligées de gagner de quoi nourrir leur famille, parce que leur truand de mari a été exécuté ou est incarcéré : c'est le cas de Marie Bosse, dont l'époux faux-monnayeur a été condamné aux galères. Toutes ces femmes se jalousent et se détestent, mais elles tombent unanimement d'accord sur le fait que Catherine abuse d'elles en leur revendant trop cher ses produits. Aussi se soumettent-elles à contrecœur à ses exigences financières, tout en essayant de lui dissimuler une partie de leurs bénéfices. Ces rancunes et ces manigances se traduisent par des insultes, voire des bagarres en pleine rue. Mais les tireuses de cartes finissent toujours par céder, parce qu'elles sont conscientes que la Voisin leur vend des poisons redoutablement efficaces et des philtres d'amour convaincants – outre le fait qu'elle se vante de disposer de relations aussi prestigieuses qu'influentes.

Et Catherine finit elle aussi par leur pardonner leurs mouvements de révolte, parce que c'est grâce à elles qu'elle peut se consacrer à ses clientes les plus fortunées et les plus puissantes.

Reine des empoisonneuses et empoisonneuse royale

Bien que le métier d'empoisonneuse se pratique dans la discrétion et ne puisse donc pas compter sur le bouche-à-oreille pour se développer, Catherine se montre assez habile pour attirer dans son quartier mal famé d'authentiques dames de la cour de Versailles. Mieux encore, elle les fidélise, en écoutant leurs attentes sans jamais se montrer scandalisée et en leur fournissant toujours les remèdes appropriés. Des remèdes qu'elle facture à prix d'or, mais peu importe à ces dames, qui ont enfin l'impression (rare en ce XVIIe siècle) de pouvoir tout dire, tout solliciter et tout obtenir…

Ainsi Catherine accueille-t-elle chez elle des aristocrates qui s'en remettent humblement à elle pour réaliser leurs ambitions. Parmi elles se trouve l'une des nièces du cardinal Mazarin, Olympe Mancini, qui a compté parmi les premières amours de Louis XIV et qui n'a jamais accepté qu'il se soit lassé d'elle. Elle a été éperdument jalouse de sa propre sœur, Marie Mancini, quand celle-ci a vécu une idylle juvénile avec le roi. Maintenant, elle paye la Voisin pour savoir sous quel délai le roi lui reviendra et comment elle devra se comporter pour, cette fois, le garder à jamais. Catherine profite de sa naïveté pour lui vendre toutes sortes de philtres d'amour… évidemment inefficaces. Ulcérée par l'absence de résultat, Olympe Mancini utilise ses fonctions de surintendante de la maison de la reine pour tenter d'empoisonner Louis XIV et sa nouvelle favorite, Louise de La Vallière. La vicomtesse de Polignac a les mêmes ambitions : elle sollicite de Catherine la mort de son propre mari et celle de La Vallière, pour être libre de devenir favorite royale. Sans plus de succès.

Une mystérieuse notoriété attire chez la Voisin les représentantes des plus prestigieuses dynasties françaises. Nombreuses sont celles qui espèrent séduire le roi, tandis que d'autres veulent conquérir un homme qu'elles aiment, mais toutes ont besoin de se débarrasser de leur mari pour arriver à leurs fins… Catherine les écoute et s'engage à leur donner les moyens de réaliser leurs rêves ou leurs ambitions. Dès lors, elle sait que ces dames ne pourront plus s'empêcher de revenir.

Au printemps 1669, elle reçoit notamment la visite de Madeleine Le Féron : celle-ci s'ennuie auprès de son mari, prévôt des marchands et président aux enquêtes du parlement de Paris. Jérôme Le Féron est unanimement décrit par ceux qui travaillent avec lui comme intègre et efficace, mais son épouse le juge surtout austère et ne le supporte plus. Compatissante, Catherine lui vend de l'arsenic et, le 8 septembre 1669, Jérôme Le Féron est emporté par l'étrange maladie qui le minait depuis plusieurs semaines…

Reconnue comme la reine des empoisonneuses, Catherine rêve de devenir l'empoisonneuse des rois. Et il s'en faut de peu qu'elle ne réalise cette ultime ambition, car sa notoriété va attirer jusqu'à elle la personne appelée à devenir la plus puissante de la cour de France. En effet, à partir de l'année 1666, elle accueille une visiteuse encore plus prestigieuse que les autres : la superbe Françoise de Rochechouart de Mortemart, épouse de Pardaillan de Gondrin, marquise de Montespan, qui condescend à solliciter ses services.

Cette jeune femme est aussi sûre de sa beauté que de son esprit, elle est ambitieuse et souffre de devoir vivre modestement à cause des dettes qu'a contractées son mari. Introduite à la cour de Versailles en qualité de dame d'honneur de la reine Marie-Thérèse, elle y côtoie la pieuse duchesse Louise de La Vallière, promue par Louis XIV favorite royale presque malgré elle. La

Montespan désire prendre sa place, elle sait qu'elle possède de nombreux atouts pour y parvenir mais, pour être sûre de réaliser ses objectifs, elle tient à s'assurer le discret soutien d'une sorcière.

Même si la marquise n'est pas la première aristocrate à venir solliciter ses services, Catherine est flattée de la confiance que celle-ci lui témoigne. Sans doute éprouve-t-elle aussi de l'empathie envers cette femme qui, comme elle, doit agir pour compenser les négligences de son mari. Bref, elle lui fournit des philtres d'amour, qui s'avèrent d'autant plus efficaces que la marquise est très belle et se sent désormais soutenue par des forces occultes. Pour auréoler son charme d'une touche de préciosité bien à la mode, Madame de Montespan va aussi se faire appeler Athénaïs – prénom plus recherché que celui de Françoise qu'on lui a attribué à sa naissance. Elle accède enfin au rang de favorite royale, ce qui comble ses ambitions mais ne l'apaise pas, bien au contraire, car elle est consciente de détenir un statut envié et va désormais vivre dans la crainte qu'une autre courtisane, plus belle ou plus jeune voire plus déterminée, ne tente de prendre sa place, tout comme elle-même vient d'éclipser Louise de La Vallière.

Persuadée de devoir son triomphe à la Voisin, elle revient régulièrement lui rendre visite. Elle n'a plus rien à conquérir, mais elle sait intuitivement qu'il est plus difficile de conserver un privilège que de l'obtenir. Aussi implore-t-elle Catherine de lui garder la jeunesse, la beauté, l'amour du roi et la jalousie admirative des courtisans de Versailles... Pour cela, elle est prête à tout ! Et les années qu'elle va passer au côté de Louis XIV n'apaiseront ni sa jalousie ni ses peurs, loin de là, car sa gourmandise et ses grossesses répétées vont alourdir sa silhouette et les traits de son visage.

Catherine profite de ces craintes. Elle promet à la Montespan de préserver ses atouts, et même la fidélité du roi… sous certaines conditions, que la favorite accepte par avance. Elle revient donc fréquemment à la Butte-aux-Gravois acheter les herbes censées préserver sa beauté, et les philtres d'amour destinés à repousser les tentations du roi… Et quand la favorite se sent tout de même menacée par le ravissant visage d'une ambitieuse venue tenter sa chance à Versailles, voire par un mouvement de lassitude du roi, elle est prête à participer à des messes noires pour se mettre sous la protection du diable.

Catherine lui procure tout ce qu'elle demande et, mieux encore, elle l'écoute. Elle a perçu chez la favorite une ambition forcenée, qui laisse supposer qu'elle saura garder son statut. Aussi Catherine la servira-t-elle avec respect, humilité et fidélité, toute sa vie.

Ou plus exactement : presque toute sa vie. Car il lui est arrivé, une seule fois, de trahir les intérêts de la favorite… sans que celle-ci ne l'ait jamais su. Il faut ici préciser que Madame de Montespan a pour dame de compagnie Mlle Claude de Vin des Œillets. Celle-ci profite de sa position pour attirer l'attention de Louis XIV, qui en fait distraitement sa maîtresse. Lorsqu'elle constate qu'elle attend un enfant du roi, elle se met à espérer prendre la place de Madame de Montespan. Mais elle se montre incapable de retenir le roi, qui s'est déjà lassé d'elle au point de ne même pas accepter de reconnaître leur fille. Ce dédain exaspère Claude des Œillets, qui se souvient qu'il a donné des titres prestigieux aux six enfants viables nés de Madame de Montespan. Aussi la dame de compagnie tente-t-elle de consolider sa situation en demandant à Catherine Montvoisin de lui fournir des philtres d'amour. En désespoir de cause, elle accepte même de participer à des messes noires, toujours pour retrouver l'amour du roi.

Et Catherine obtempère : elle obéit à Mlle des Œillets, parce qu'elle la juge assez belle et assez déterminée pour se hisser au rang de favorite, et qu'elle tient à s'assurer la reconnaissance de toute femme susceptible de régner un jour sur la cour. Toutefois, il ne s'agit là que d'une parenthèse. Mlle des Œillets ne deviendra pas favorite, et Catherine recommencera à servir Madame de Montespan, plus fidèlement que jamais. Ainsi que bien d'autres dames, aristocrates ou fortunées…

Désormais, Catherine peut se féliciter d'avoir atteint ses ambitions. Elle est riche et, grâce à ses prestigieuses relations, elle se sent omnipuissante.

Elle entend dire qu'à Versailles, on se plaint de plus en plus des ravages, vrais ou amplifiés, causés par ce que l'on appelle pudiquement les « poudres de succession ». Quand Henriette d'Angleterre, la propre belle-sœur du roi, est morte soudainement, on a murmuré qu'elle aurait été empoisonnée et l'on a soupçonné à voix basse son mari, « Monsieur », le frère cadet du roi. Ou l'un des amants de celui-ci.

Plus tard, le procès et la condamnation de la marquise de Brinvilliers confirment que même les dames du meilleur monde n'hésitent plus à recourir à l'arsenic pour retrouver un peu de liberté. Mais toutes ces rumeurs n'inquiètent nullement Catherine. Au contraire, elle n'y voit qu'une source d'enrichissement supplémentaire, puisque ces soupçons incitent les courtisans de Versailles à venir chez elle se fournir en contrepoisons. De toute façon, la Voisin est convaincue que ses prestigieuses clientes veilleront à la protéger, quoi que l'on découvre…

François Desgrez enquête

Trop sûre de son emprise sur la cour en général et sur Madame de Montespan en particulier, Catherine sous-estime le souci qu'a Gabriel Nicolas de La Reynie, lieutenant général de police de Paris, d'accomplir au mieux sa mission d'ordre public.

La Reynie a l'habileté de prêter attention aux rumeurs. Toutes les rumeurs, quelles qu'elles soient, car il sait que celles-ci reflètent les véritables préoccupations des gens. Il remarque que beaucoup d'entre eux craignent désormais de mourir empoisonnés. Et tandis qu'il cherche à savoir si cette crainte repose sur des faits réels, il reçoit une confidence de la part des prêtres de Notre-Dame. Il semble que, désormais, ceux qui viennent se confesser à eux avant de quémander une absolution s'accusent de plus en plus souvent d'avoir empoisonné ou fait empoisonner des proches : pères autoritaires, frères avec qui il faudrait partager un héritage ou conjoints détestés. Bien sûr, ces prêtres ne livrent aucun nom car ils n'ont pas le droit de trahir l'inviolable secret de la confession, mais ils ont estimé devoir attirer l'attention de la police sur la banalisation de ce crime qu'est l'empoisonnement…

Cette information décide La Reynie à diligenter une enquête, pour commencer par identifier ceux qui font commerce des poisons. Il confie ce soin à plusieurs de ses lieutenants, dont l'obstiné François Desgrez, celui-là même qui a précédemment réussi à arrêter la marquise de Brinvilliers. Desgrez a su se constituer un réseau de fidèles indicateurs, et bientôt il apprend qu'un avocat, Me Perrin, invité à dîner chez la cartomancienne Marie Vigoureux, s'est trouvé assis à proximité d'une autre voyante, Marie Bosse. Celle-ci a encore trop bu au cours de ce repas et elle a fini tellement saoule qu'elle s'est vantée, en ricanant, d'exercer l'un des meilleurs métiers qui soit et d'y gagner beaucoup d'argent, au point de pouvoir bientôt se retirer, fortune faite, dès qu'elle aurait empoisonné encore deux ou trois personnes... Bien sûr, il aurait pu s'agir de simples provocations d'ivrognesse, mais Desgrez ne néglige aucune piste. Il demande à connaître l'adresse de Marie Bosse et il envoie chez elle, rue du Grand-Hurleur, l'épouse d'un de ses sergents, avec mission de se faire tirer les cartes et de se plaindre de son mari.

Marie Bosse tombe dans le piège et baisse le ton pour proposer à cette femme, moyennant un supplément financier, de lui fournir la poudre qui fera d'elle une veuve. La fausse cliente feint d'accepter et revient quelques jours plus tard avec la somme réclamée. En contrepartie, Marie Bosse lui donne un sachet, que Desgrez va mêler à la nourriture d'un chien errant. Cela suffit pour qu'en quelques minutes, le pauvre animal râle et meure, prouvant ainsi, à son corps défendant, la sincérité des propos de Marie Bosse.

Dès le 4 janvier 1679, La Reynie la fait arrêter et incarcérer dans le donjon de Vincennes... ainsi que Marie Vigoureux, qui n'avait pourtant rien avoué, mais La Reynie se méfie des voyantes en général, et en l'occurrence il n'a pas tort, puisque les deux femmes se fournissaient en poisons divers chez la Voisin.

Parce qu'elles craignent la torture, parce qu'elles ont toujours été jalouses de la fortune amassée par Catherine et parce qu'elles espèrent que leurs aveux leur vaudront l'indulgence des juges, les deux sorcières ne se font pas prier pour parler. Pêle-mêle, elles donnent les noms de leurs clientes, elles expliquent comment elles pratiquaient pour les pousser aux confidences puis pour leur proposer le poison approprié et, bien sûr, elles chargent Catherine Montvoisin autant que possible.

Chacun découvre alors que la noblesse comme la bourgeoisie et le peuple avaient recours à l'arsenic pour se débarrasser de proches encombrants. Certains aristocrates s'enfuient précipitamment à l'étranger pour se soustraire à la justice, tandis que d'autres estiment insultant que les hommes de La Reynie se permettent de les incarcérer, sans égard pour le prestige de leur nom.

Catherine pourrait tenter de s'échapper, elle aussi : la fortune qu'elle a accumulée au fil des années le lui permettrait. Mais elle n'a pas peur, tant elle se sent protégée par la marquise de Montespan. Elle reste donc sereinement chez elle et n'en sort que pour aller prier à l'église Notre-Dame-de-Bonne-Nouvelle, en bonne chrétienne qu'elle n'a jamais cessé d'être.

C'est justement à la sortie de la messe dominicale, le 12 mars 1679, qu'elle a la surprise de se voir interpeller par les sergents de Desgrez, qui l'emmènent sans écouter ses protestations. Elle comprend vite que le lieutenant général de police a les pleins pouvoirs pour faire cesser cette vague d'empoisonnements et qu'elle va devoir confesser ses crimes.

Toutefois, elle n'est pas encore trop inquiète, car certains geôliers viennent lui murmurer en aparté qu'une grande dame la protégera, à la seule condition que son nom ne soit jamais mentionné au cours des interrogatoires que Catherine subit et subira encore. Elle comprend le message. Docile, et surtout prudente, elle va livrer les noms de ses fournisseurs comme de ses revendeuses et clientes, mais jamais elle ne se permettra la moindre allusion à la favorite royale. Qui continue de veiller sur elle, lui rappelle-t-on régulièrement…

La Chambre ardente

À criminels exceptionnels, tribunal d'exception ! Le nombre des empoisonnements et le prestige des aristocrates suspectés incitent Louis XIV à fonder une juridiction tout exprès pour instruire cette affaire de façon aussi complète que discrète (par égard pour les grandes familles du royaume dont le nom figurera parmi les accusés) et, ensuite, juger les accusés. C'est la « Chambre ardente », qui se réunit à l'Arsenal, près de la Bastille, à partir du 10 avril 1679, dans une salle drapée de noir et éclairée de lourds flambeaux : un décor conçu pour frapper l'imagination des témoins ou des suspects et contrebalancer les rites suivis par les empoisonneuses. Présidée par le comte Louis de Compans, la Chambre ardente verra comparaître quatre cent quarante-deux accusés et en condamnera trente-six à mort, cinq aux galères et trente-quatre au bannissement.

Du fond de sa prison, Catherine apprend, le 8 mai 1679, que Marie Bosse a péri sur le bûcher. Le lendemain, c'est Marie Vigoureux qui meurt d'épuisement sous la torture d'un interrogatoire destiné à lui faire dénoncer davantage de complices. La Voisin accueille ces mauvaises nouvelles avec un courage qui force l'admiration de ses geôliers, tous d'ores et déjà convaincus qu'elle finira elle aussi sur le bûcher du fait des multiples crimes qu'elle a avoués, en plus de ceux dont on l'accuse. Mais, si les supplices infligés à ses consœurs laissent Catherine aussi indifférente, c'est parce qu'« on » lui assure toujours l'impunité, à la stricte condition qu'elle ne prononce jamais le nom d'une certaine dame de la cour, proche du roi. Et Catherine, plus que jamais soucieuse de ses intérêts, reste indifférente aux promesses comme aux menaces et même aux tortures, et jure ignorer jusqu'au nom de la marquise de Montespan.

Au fil des semaines, lorsqu'elle s'inquiète de constater qu'elle reste enfermée dans le donjon du château de Vincennes, « on » lui fait dire qu'« on » ne peut pas agir ici mais que, si elle est condamnée, « on » suscitera une émeute sur le chemin qui la conduira au supplice et « on » profitera de ce moment d'agitation pour la faire évader, avant de l'envoyer à l'étranger se mettre hors d'atteinte de la justice du roi…

Pour l'heure, même sa fille, Marie-Marguerite, soupçonnée d'avoir été sa complice, est arrêtée. Pourtant, la jeune femme n'a jamais collaboré aux empoisonnements de sa mère, qui lui avait transmis ses méthodes d'avorteuse mais la tenait à l'écart de ses autres activités.

Le procès de Catherine Montvoisin se tient du 17 au 20 février 1680. Sans surprise ni frayeur, l'empoisonneuse apprend qu'elle est condamnée à être brûlée vive en place de Grève, selon le sort traditionnellement réservé aux sorcières.

La veille du jour où elle est censée monter sur le bûcher, elle étonne encore ses gardiens en protestant parce qu'on ne lui apporte pas de vin pour lui permettre de profiter de ses dernières heures. Ils lui répondent en l'exhortant à prier pour son salut, ce qu'elle refuse en ricanant.

Au petit matin, on l'attache avant de la conduire sur le lieu du supplice. Elle refuse avec mépris de demander pardon pour ses crimes, tout en guettant du coin de l'œil l'instant où les hommes de la favorite créeront la diversion qui permettra de la libérer. Mais rien ne se passe… Et c'est seulement lorsqu'elle se rapproche du bûcher qu'elle comprend que Madame de Montespan l'a trahie, qu'elle a multiplié les fausses promesses à seule fin que jamais son nom ne soit mêlé à l'affaire des poisons. Sans doute Catherine essaie-t-elle alors de dénoncer publiquement la courtisane, de hurler au peuple sa révolte et sa peur, mais les gardes imperturbables la précipitent vers le bûcher, qui s'embrase presque aussitôt. Elle périt dans un sursaut de colère.

Tout de suite après, sa fille, Marie-Marguerite, tente de la venger en révélant à ses juges que Madame de Montespan venait régulièrement consulter sa mère et solliciter son aide… Témoignage confirmé par d'autres tireuses de cartes qui travaillaient pour Catherine et qui se souviennent que celle-ci mentionnait fréquemment le nom de la favorite. Néanmoins, en souvenir de sa relation amoureuse avec le souverain et par respect pour ses enfants de sang royal, Madame de Montespan ne sera jamais traduite devant la Chambre ardente. Au contraire, c'est Marie-Marguerite Montvoisin qui est condamnée à l'emprisonnement à perpétuité, à Belle-Île, comme complice supposée de sa mère.

Le 21 juillet 1682, la Chambre ardente est définitivement dissoute par le roi, inquiet de constater que, peu à peu, c'est la dignité de tous ses courtisans qui se trouve souillée par ces enquêtes, auditions et condamnations. Après la mort de La Reynie, Louis XIV ordonnera même la destruction totale des archives de ce gigantesque procès…

Marie-Catherine Le Jumel de Barneville, épouse d'Aulnoy

(1651-1705)

Tout au long de sa vie, Marie-Catherine Le Jumel de Barneville, baronne d'Aulnoy, a cherché à s'échapper. Pour y parvenir, elle a utilisé tous les subterfuges : la séduction, le mensonge, le mariage, les voyages, le poison et même la création littéraire.

Elle est finalement restée célèbre pour ses contes de fées, les premiers publiés en France, ce qui lui assure une délicate réputation d'artiste rêveuse auprès de ses lecteurs, qui ignorent qu'elle a été tour à tour criminelle et espionne, et qu'entre la France, l'Espagne et l'Angleterre, elle a mené une existence aussi passionnée qu'intrépide.

Une enfance au royaume des femmes

Marie-Catherine naît en 1651 en Normandie, dans le village de Barneville[1]. Son père, Nicolas-Claude Le Jumel de Barneville, appartient à la petite noblesse, tandis que sa mère, Judith Le Coustelier de Saint-Pater, s'enorgueillit d'être issue d'une dynastie de militaires,

1. Désormais dénommé « Barneville-la-Bertran ».

dont elle a hérité l'autorité et l'esprit de décision. La grand-mère de Judith était la sœur de Marie Bruneau des Loges, une précieuse qui recevait dans son salon tous les beaux esprits de son temps, comme pour se faire pardonner les scandales causés par ses multiples liaisons…

Aussi observatrice que curieuse, Marie-Catherine remarque très jeune combien sa mère domine et manipule son père, parfois par la douceur mais le plus souvent par ses cris et ses colères, et elle en conclut que le pouvoir appartient aux femmes pour peu qu'elles le souhaitent, puisque les hommes ne demandent qu'à leur obéir, ce qui constitue une vision très originale en ce milieu de XVIIe siècle. La mort prématurée de son père, le 4 janvier 1662, alors qu'elle a à peine dix ans, la conforte dans sa perception que les hommes sont fragiles.

Peut-être sont-ils même interchangeables, si l'on se fie à l'attitude de Judith ! En effet, celle-ci n'a pas la vocation du veuvage. Aussi, à peine le délai de deuil imposé par les usages s'est-il écoulé qu'elle quitte la Normandie en emmenant sa fille pour se faire héberger à Paris chez son oncle, Henri de Beringhen, Premier Écuyer de la Petite Écurie royale à Versailles. C'est-à-dire aux portes de la cour du roi Louis XIV, afin d'écouter ses rumeurs, observer ses intrigues et de tenter de s'y faire une place.

Marie-Catherine regarde agir sa mère avec admiration, en se demandant si elle-même sera aussi habile quand elle en aura l'âge. Elle peut espérer y parvenir puisque, à onze ans à peine, elle entretient déjà de sérieuses conversations avec Charles Perrault, le futur auteur des *Contes de ma mère l'Oye* : celui-ci n'est encore qu'un avocat promu contrôleur général de la Surintendance des bâtiments du roi, mais il écrit des poèmes et discute volontiers avec Marie-Catherine, dont il apprécie la maturité.

Judith, elle, a mieux à faire que de s'occuper de sa fille. Elle se cherche fébrilement un nouvel époux, jusqu'à ce qu'elle jette son dévolu sur Michel de Sales. Il est bien plus jeune qu'elle, assez fortuné, et devrait devenir marquis de Gudanes après la mort de son père. Justement, le père s'oppose à cette union, mais Michel est assez amoureux pour passer outre et épouser tout de même Judith…

Hélas, le couple se heurte à des obstacles imprévus. Car le vieux marquis de Gudanes initie une procédure pour annuler le mariage de son fils, qu'il déshérite aussitôt. Et tandis que Judith accumule les dettes en estimant que son beau-père sera bien obligé de les régler un jour ou l'autre, voici que Michel meurt, après seulement un an de mariage.

Marie-Catherine voit sa mère se draper une seconde fois sous des voiles de veuve… qu'elle choisit aussi élégants que possible et qu'elle rehausse d'à peine un peu trop de bijoux. Avant qu'on ne lui reproche sa coquetterie, Judith explique que c'est par fidélité à Michel qu'elle arbore ces diamants, parce qu'il les lui avait offerts juste avant de mourir. Et, tout de suite après le délai minimal de quarante jours de deuil, elle se lie au riche Jacques Antoine de Crux, marquis de Courboyer. La jeune veuve sait bien qu'il ne pourra pas l'épouser puisqu'il est déjà marié avec Louise de La Lande Machecoul, mais elle l'aime. Elle l'aime même d'autant plus qu'il emploie sa fortune à régler ses anciennes dettes et à lui offrir les robes et bijoux qu'elle estime indispensables à son train de vie.

À treize ans, Marie-Catherine observe avec lucidité l'opportunisme de sa mère et prend exemple sur elle pour planifier son avenir : elle est d'ores et déjà décidée à réussir un riche mariage, voire plusieurs. De plus, elle se jure de gagner la célébrité en écrivant des livres, comme espère y parvenir un jour Charles Perrault. Or, les seules promesses que Marie-Catherine est disposée à tenir sont celles qu'elle se fait à elle-même…

Un mariage ambitieux

On a souvent écrit que Judith avait souhaité marier sa trop jolie fille dès que possible, pour l'éloigner de son foyer où elle aurait pu l'éclipser. Mais plusieurs correspondances de Marie-Catherine attestent qu'elle-même était pressée de se trouver un époux. En fait, elle espère même contracter au cours de sa vie plusieurs unions, de plus en plus prestigieuses, et consulte des cartomanciennes pour entrevoir la vie conjugale qui l'attend. Cependant, toutes les devineresses sont catégoriques : elle n'aura qu'un seul mari.

Elle se jure donc de bien le choisir. Cet homme-là devra être fortuné, docile et lui permettre de figurer à la cour du roi Louis XIV où elle espère, elle aussi, s'imposer… L'homme qui lui conviendrait le mieux est Charles Perrault. Même s'il a vingt-trois ans de plus qu'elle, il est toujours célibataire. Descendant d'une famille aisée, il bénéficie de la confiance du ministre Colbert qui lui confie des missions bien rémunérées et, de plus, Marie-Catherine et lui partagent la même ambition de créer une œuvre littéraire qui leur survivrait.

Elle l'encourage donc à demander sa main à Judith, mais Perrault refuse en souriant ce qu'il considère comme un enfantillage[1]...

Alors, puisque Perrault dédaigne ses avances, elle décide d'épouser le baron d'Aulnoy. L'homme ne ressemble guère aux jouvenceaux dont rêvent les adolescentes : il a trente et un ans de plus que Marie-Catherine et porte des habits rapiécés encore plus sales que lui. Il passe ses soirées à jouer dans les cabarets. Lorsqu'il perd, il se bat avec ses partenaires – mais il gagne le plus souvent, car il n'hésite pas à tricher. Avec l'argent mal acquis, il s'enivre et rentre chez lui au petit matin en titubant.

Certes, mais Marie-Catherine retient que cet homme issu d'une famille modeste a obtenu le titre de baron d'Aulnoy en servant le duc César de Vendôme[2], qu'il a suivi à la guerre. Il a su se rendre indispensable au duc, au point que celui-ci l'a nommé contrôleur de sa maison. Et il a utilisé ses fonctions pour gagner la fortune nécessaire à l'achat de vastes terrains en Brie. Toutefois, il n'a jamais trouvé à se marier.

En l'observant, Marie-Catherine réfléchit qu'il a été assez habile pour conquérir un titre et un début de fortune. Et qu'il pourrait l'introduire à la cour de Versailles, ce qui lui permettrait d'intriguer et de séduire. Elle espère raviver les anciennes ambitions du baron et le détourner des tavernes où il dilapide désormais son argent. À moins qu'il ne continue de s'enivrer

1. Il se mariera pourtant, en 1672, avec la fille d'un conseiller du roi, encore plus jeune que Marie-Catherine.
2. César de Vendôme était le fils bâtard du roi Henri IV et de l'une de ses favorites, Gabrielle d'Estrées.

mais, dans ce cas, il ne risquera pas de la surveiller ni de se montrer jaloux. De toute façon, elle devrait devenir veuve sans trop tarder…

Le 8 mars 1666, Marie-Catherine épouse donc en l'église Saint-Gervais François de La Motte, baron d'Aulnoy. Pour la circonstance, le marié s'est habillé proprement et n'est même pas ivre. Lorsqu'il se tient droit, on remarque sa haute taille et sa vigueur, qui lui ont probablement permis de guerroyer avec succès quelques années plus tôt.

Le soir même, la jeune femme constate que son mari ne sera pas aussi docile que ce qu'elle avait prévu. Dès qu'elle lui fait part de son désir d'être présentée au roi, il ricane. Il déteste Louis XIV, à qui il reproche de dilapider l'argent du royaume pour entretenir des favorites et mener des guerres, les unes et les autres également inutiles.

Marie-Catherine doit se rendre à l'évidence : ce mari-ci ne lui offrira rien de ce qu'elle espérait. Il est trop avare pour aller figurer à la cour, et n'a plus aucune ambition parce que ses terres lui suffisent. De plus, dans l'intimité, il fait preuve d'une ardeur qu'elle ne soupçonnait pas et qui l'épuise. Et il se montre aussi jaloux que possessif, au point de ne pas accepter qu'elle rende visite à sa mère chaque fois qu'elle le souhaite. Il la fait même suivre et surveiller par son valet de confiance. Sans doute a-t-il de bonnes raisons pour cela : il connaît la réputation volage de Judith et craint que celle-ci n'aide Marie-Catherine à retrouver quelque amant, voire qu'elle ne lui présente des hommes susceptibles de lui plaire. Mais la jeune mariée se sent prisonnière, d'autant qu'elle attend déjà son premier bébé.

En deux ans de mariage, le baron lui fera porter deux enfants ! La troisième année, Marie-Catherine sera de nouveau enceinte mais, cette fois, son mari n'en sera pas responsable…

Comment se débarrasser d'un époux

Excédée par la rusticité du baron, Marie-Catherine retourne consulter sa cartomancienne préférée : Marie Bosse. Celle-ci appartient au réseau des empoisonneuses de « la Voisin ». Elle voit en Marie-Catherine une jeune femme prête à payer n'importe quelle fortune pour devenir veuve, aussi commence-t-elle par lui répondre que le destin du baron est de vivre encore de (trop) longues années, à moins que l'on n'influe sur l'avenir par des messes noires et… du poison !

Marie-Catherine hésite un peu. Mais elle est tentée, d'autant que Courboyer, l'amant de sa mère, lui a présenté l'un de ses amis, Jacques de Daureville de Lamière, qui l'a immédiatement conquise. Originaire de Normandie comme elle, cet homme-là est élégant et courtois. En amour, il fait preuve d'une délicatesse à laquelle le baron ne l'a pas habituée, mais il est aussi capable de se montrer protecteur. Par exemple, un après-midi où ils se sont rejoints secrètement et où Marie-Catherine a avoué craindre que son mari ne vienne les surprendre, Jacques lui a répondu que, dans ce cas, il n'hésiterait pas à tuer le baron. Depuis, Marie-Catherine espère que son mari surgira à l'improviste…

Mais le baron ne semble pas remarquer les indices qu'elle lui glisse pour qu'il en arrive à affronter Jacques, aussi retourne-t-elle chez sa tireuse de cartes, qui lui vend ce que l'on appelle pudiquement de la « poudre de succession ».

Pour ne pas risquer d'empoisonner d'autres personnes que son mari, elle attend qu'il vienne dans sa chambre et lui propose une crème aux œufs. Mais le baron, qui l'a encore battue la veille, s'étonne que, pour une fois, elle ne lui témoigne pas de rancune. Il se méfie et donne la crème à manger à l'un de ses chiens... qui ne tarde pas à agoniser dans d'affreuses douleurs !

Désormais, les deux époux savent à quel point ils se haïssent et n'essaient même plus de sauver les apparences. D'ailleurs, peu après, le baron abandonne le domicile conjugal et partira vivre chez la duchesse d'Orléans[1] dans le palais du Luxembourg. Marie-Catherine est soulagée, mais elle sait que son mari peut revenir à tout moment chez elle, aussi cherche-t-elle un autre moyen de se débarrasser de lui, définitivement. Elle n'est pas pressée, puisque Jacques de Daureville a dû la quitter pour aller à la guerre, mais elle se sent incapable d'attendre la mort naturelle du baron.

Le 27 octobre 1668, elle accouche d'un troisième enfant. La petite Marie-Anne est ravissante : elle a des traits aussi fins que Jacques... C'est pour elle que Marie-Catherine inventera ses premiers contes de fées.

Quand Jacques revient de la guerre en Franche-Comté, Marie-Catherine souffre de ne pouvoir le retrouver qu'en cachette, trop rarement, chez sa mère. Judith protège les amants adultères avec indulgence. Elle-même aime toujours le marquis de Courboyer mais,

1. Il s'agit de Marguerite de Lorraine, devenue duchesse d'Orléans par son mariage avec le frère cadet du roi Louis XIII.

depuis qu'elle a contribué à le ruiner, elle le trompe avec un certain La Moysière. Et c'est en entendant sa fille se plaindre encore une fois de l'avarice de son riche mari qu'elle a une idée, dont elle ne mesure sans doute pas les suites. Elle suggère à Courboyer de suivre le baron dans les cabarets et de sympathiser avec lui, jusqu'à ce que celui-ci se sente assez en confiance pour lui prêter de l'argent…

Le baron tombe dans le piège. Chaque fois qu'il est ivre, il éprouve le besoin de parler et apprécie la compagnie de Courboyer, dont il ignore qu'il est l'amant de sa belle-mère. Il ne s'étonne même pas de le retrouver de plus en plus fréquemment dans les tavernes où il a ses habitudes et, pour ne pas risquer de perdre cette nouvelle amitié, il accepte de lui prêter une somme importante : cent mille livres. En échange d'une reconnaissance de dette. Judith triomphe : son amant préféré a de nouveau de l'argent.

Marie-Catherine est bien agacée de constater que son mari se montre plus généreux envers ses amis qu'envers elle puis, une fois calmée, elle réfléchit au fait que, désormais, Courboyer aura intérêt à ce que le baron meure, pour ne pas devoir lui rembourser sa dette. Elle suggère donc à Courboyer d'inciter le baron à parler du roi, car elle sait que son mari déteste assez Louis XIV pour tenir des propos qui constitueraient un crime de lèse-majesté, susceptible de le faire condamner. Mais, bizarrement, le baron ne cède pas aux provocations verbales de son nouvel ami. Alors, soutenue par Judith, Marie-Catherine pousse Courboyer à faire une dénonciation calomnieuse. Après lui avoir rappelé qu'il n'arriverait jamais à rembourser sa dette au baron, elle le supplie d'attester que ce dernier aurait traité le roi de tyran et l'aurait accusé de ne penser à ses sujets que pour les accabler d'impôts, avec lesquels il entretiendrait favorites et catins… Pour éviter que l'on ne soupçonne Courboyer de mentir à seule fin de se libérer de sa dette, Judith décide que La Moysière, son autre amant, cosignera cette lettre d'accusation avant de l'apporter au ministre Colbert.

Le résultat ne se fait pas attendre. Dès le 30 septembre 1669, le baron stupéfait se voit arrêté et emprisonné à la Bastille. Lorsqu'il apprend qu'il a été dénoncé par son prétendu ami Courboyer, il demande à lui être confronté. Mais La Moysière et Jacques viennent soutenir les accusations de Courboyer et jurent avoir eux aussi entendu le baron insulter le roi… Devant tant de calomnies, l'accusé renonce à se défendre. Il sait qu'il sera condamné à mort.

Marie-Catherine s'en réjouit. Tout comme Judith, qui a la maladresse de triompher devant Jacques et La Moysière en ricanant que Courboyer n'aura plus à rembourser sa dette… Ce qui suffit à faire sursauter les deux faux témoins car, même s'ils étaient conscients de mentir, ils avaient cru soutenir une accusation sincère, et non pas une coalition dictée par la cupidité. Désormais, ils ont des remords, et quittent Judith et Marie-Catherine en claquant la porte. Judith s'en moque bien, elle ne pense qu'à Courboyer.

Mais Marie-Catherine est désespérée, elle sent qu'elle a perdu l'estime de Jacques. Elle pleurerait plus encore si elle savait qu'il a décidé de réparer sa faute… Il sollicite une seconde confrontation avec le baron, et reconnaît cette fois avoir fait un faux témoignage, car le baron n'a jamais manqué de respect au roi. C'est maintenant au tour de Jacques et de La Moysière d'être incarcérés, en attendant d'être jugés et condamnés. Et Courboyer ne tarde pas à les rejoindre… Innocenté, le baron est libéré, tandis que la peine de mort est requise contre les trois calomniateurs.

Marie-Catherine ne supporte pas l'idée que son amant soit exécuté à cause d'elle. Alors, bien qu'elle soit alourdie par une quatrième grossesse, elle se fait conduire chez un ami de sa mère qui se flatte d'avoir la confiance du roi. Elle lui explique que Jacques n'est coupable que d'avoir voulu la sauver des brutalités du baron. Pour convaincre ce courtisan, elle s'accuse et s'excuse tour à tour ; elle n'hésite pas non plus à mentir un peu, mais elle obtient ce qu'elle souhaitait : l'homme s'engage à plaider sa cause devant le roi. Et le soir même, il lui annonce que Louis XIV, troublé par les regrets qu'elle a manifestés, désire la rencontrer. Bien déterminée à obtenir la grâce de son amant, elle retourne à Versailles, où le roi l'accueille dans la chapelle où il est censé s'isoler pour suivre la messe. Elle s'agenouille devant lui mais, au lieu de baisser modestement les yeux comme l'imposent les usages, elle le regarde et lui sourit… Quand le roi la relève, il lui promet que son amant ne sera pas exécuté.

Même si elle sait qu'elle ne reverra plus Jacques, qui ne pourra pas lui pardonner de l'avoir poussé à mentir, elle est soulagée de l'avoir sauvé. C'est désormais avec indifférence qu'elle apprend l'exécution de Courboyer et de La Moysière. D'ailleurs, elle et sa mère sont aussi condamnées à mort.

Judith s'enfuit précipitamment en Italie, où elle compte sur le soutien d'un de ses anciens amants, promu ambassadeur à Rome. Mais sa fille refuse de l'accompagner. Elle veut rester fidèle au souvenir de Jacques et sait que, dans le sillage de sa mère, elle serait bien incapable de résister à de nouvelles tentations. Elle préfère donc chercher refuge dans un couvent.

Une fuite à travers l'Europe

À Rome, Judith se lance dans de nouvelles intrigues. Elle espionne pour le compte de la reine d'Espagne, qui finit par l'inviter à venir s'installer à Madrid. Elle propose à sa fille de la rejoindre et Marie-Catherine accepte de quitter son couvent, parce qu'en dépit de son chagrin, sincère, elle s'aperçoit qu'elle ne pourra pas passer le reste de sa vie à pleurer Jacques. Autant l'admettre : l'aventure l'appelle…

Et elle n'est pas déçue par Madrid, où sa mère a déjà réussi à se faire offrir une immense et somptueuse demeure. Avec cette curiosité passionnée qui la propulse depuis son enfance, Marie-Catherine découvre les usages de la cour d'Espagne, les modes vestimentaires si différentes de celles qui régissent Paris, et l'audace que les nobles espagnols mettent à conquérir les dames. Elle constate vite que le jeune roi Charles II est manipulé tour à tour par sa mère et par son demi-frère, Juan José. Celui-ci est le fils adultérin du défunt roi Philippe IV et d'une actrice, mais il a été légitimé par son père qui lui a accordé le titre de vice-roi de Sicile. Cela ne suffit pas à l'orgueilleux Juan José qui souffre de n'être que l'ombre de son frère, ce dernier lui paraissant de surcroît trop fragile pour porter dignement le titre de roi de toutes les Espagnes. Aussi ambitieux que tourmenté, Juan José oscille ainsi entre appétits de conquête et accès de mélancolie.

Avant même de lui être présentée, Marie-Catherine s'est laissé dire qu'il était le personnage le plus puissant du pays, et qu'il pourrait bien un jour parvenir jusqu'au trône. Cela suffit pour qu'elle succombe à ses avances. Déjà, elle prévoit que leur union leur permettra de conquérir pouvoir et fortune… mais cette relation passionnelle accentue encore les troubles de Juan José, qui finit par y succomber au soir du 17 septembre 1679.

Tout de suite après son enterrement débutent les festivités du mariage du roi d'Espagne avec Marie-Louise d'Orléans, nièce de Louis XIV. Le pays oublie aussitôt Juan José, et Marie-Catherine se sent d'autant plus triste et isolée que même sa mère ne perd pas de temps à compatir à son deuil. Avec l'énergie glaciale qui la caractérise, Judith propose simplement à sa fille de passer à d'autres soupirants.

Bien que Marie-Catherine soit reçue par la nouvelle reine, qui lui affirme se réjouir de compter à sa cour une Française, elle préfère quitter l'Espagne. Après une brève halte en France, le temps d'embrasser distraitement ses enfants, elle va s'installer en Angleterre. Là, elle se mêle à de nouvelles intrigues dans le conflit qui oppose catholiques et protestants : elle prétend y avoir été contrainte, mais en réalité elle ne résiste pas au plaisir de recevoir les confidences de ses contemporains et d'influer sur leur avenir… Jusqu'à ce qu'elle prenne le temps de se souvenir de son ambition initiale : écrire.

Elle rentre alors à Paris, où Louis XIV, plus amusé qu'indigné par ses multiples frasques, lui a accordé sa grâce.

La créatrice de contes de fées

Tour à tour criminelle et espionne, Marie-Catherine d'Aulnoy aurait pu être pudiquement effacée de l'Histoire, ou encore y laisser une empreinte maléfique. Or, l'image à demi effacée qui subsiste d'elle est celle d'une vieille dame auteure de contes de fées qui ont servi de trame à nos rêves d'enfants : *L'Oiseau bleu*, *La Chatte blanche*, *Finette Cendron*, etc. Parce que, dès son retour à Paris, elle se consacre à l'écriture.

Après un premier ouvrage très influencé par la préciosité de l'époque, l'*Histoire d'Hypolite, comte de Duglas*, dans lequel est inséré *L'Île de la Félicité*, considéré à juste titre comme le premier véritable conte de fées, elle publie deux livres consacrés à l'Espagne et, enfin, des recueils de contes qui rencontrent un immense succès en France comme à l'étranger. Ils attirent dans son salon parisien de la rue Saint-Benoît aristocrates et fins lettrés.

Marie-Catherine d'Aulnoy est aujourd'hui moins célèbre que Charles Perrault, l'ami de sa jeunesse ; pourtant, elle a écrit plus de contes que lui. Et, à la différence de Perrault et plus tard des frères Grimm, elle ne se contente pas de reprendre d'anciennes légendes en les modernisant : ses histoires sont issues de son imagination et gardent l'influence de son propre passé romanesque, simplement auréolé de merveilleux. D'ailleurs, dans les œuvres de Marie-Catherine, les héroïnes ne sont pas de belles alanguies. Même si elles sont dotées d'un charme… féerique, c'est le cas de le dire, elles ne laissent pas aux princes, si charmants soient-ils, le soin de gérer leur avenir. Ce sont elles qui prennent les initiatives nécessaires pour conquérir un bonheur idéalisé mais mérité.

Dans ces « contes à rebours », les rois supplient leurs reines de trouver une solution aux malheurs qui les frappent, ou bien ils finissent transformés en moutons, et ce sont les petites filles qui ont l'idée de semer des diamants sur les chemins pour retrouver leur itinéraire, tandis que les ogresses se régalent de la chair de gamines… L'univers de Mme d'Aulnoy est d'autant plus original que les repères masculins y sont inversés, comme ils l'ont été dans sa propre vie.

En se livrant ainsi avec une sincérité totale et inconsciente, elle a créé un genre romanesque qui ne s'est toujours pas démodé et qui influence encore nos souvenirs d'enfance, comme nos fantasmes.

Le destin sonne toujours deux fois

Écrivaine reconnue et admirée, Marie-Catherine possède, à partir des années 1690, tout ce dont elle avait rêvé dans sa jeunesse : la fortune, le succès et même une liberté rare, dont elle profite pour recevoir dans son intimité de jeunes hommes. Elle est tout à fait consciente d'être privilégiée.

Mais elle va être victime de l'intérêt passionnel qu'elle porte aux autres, et qui lui attire les confidences de celles et ceux qui fréquentent son salon. Parmi ces habitués figure Angélique-Nicole Carlier. Celle-ci a cinq ou six ans de moins que Marie-Catherine, qui retrouve en elle toutes les ambitions qu'elle avait dans sa jeunesse, mais aussi la même détresse, causée par un mari tout aussi décevant que l'avait été le baron d'Aulnoy.

En effet, Angélique est devenue orpheline assez jeune, comme Marie-Catherine. Elle a hérité de ses parents une fortune imposante, qu'elle comptait faire fructifier en se mariant avec un homme au moins aussi riche qu'elle. C'est pourquoi elle a accepté d'épouser Claude Tiquet, qui était beaucoup plus âgé qu'elle mais qui occupait les fonctions prestigieuses de conseiller au Parlement. Il a définitivement conquis Angélique le soir où il lui a fait porter un somptueux bouquet de roses, au cœur desquelles étaient accrochés d'authentiques diamants... La tante d'Angélique en avait profité pour souligner qu'elle ne rencontrerait jamais un autre homme aussi élégamment amoureux, et la jeune fille, qui partageait cet avis, avait repoussé ses autres soupirants pour offrir sa main à Claude Tiquet.

Une fois mariée et mère de deux enfants, elle s'était étonnée de l'avarice de son époux, mais il lui avait alors avoué qu'il était ruiné et que leur famille devrait désormais vivre sur l'argent qu'elle avait apporté en dot. Les diamants qu'il avait éparpillés pour elle au milieu des roses constituaient les dernières poussières de sa fortune ; il les avait sacrifiés dans l'espoir de la conquérir et de s'approprier son patrimoine. Tout comme il avait versé une somme importante à la tante pour que celle-ci fasse son éloge à Angélique...

Furieuse de découvrir qu'elle avait été simultanément trahie par sa seule parente et abusée par l'homme dont elle s'était crue aimée, Angélique s'était mise à haïr son mari. Et elle s'était vengée à sa manière en nouant une liaison avec le comte Gilbert de Montgeorges, avocat général au Grand Conseil du roi. Sans doute aimait-elle cet homme au passé militaire prestigieux, mais elle tenait surtout à humilier son mari ; aussi ne prenait-elle aucune précaution pour dissimuler cet adultère.

Dans leur guerre conjugale, Claude Tiquet avait rapidement riposté en obtenant du roi une lettre de cachet l'autorisant à faire incarcérer son épouse. Bien sûr, il ne souhaitait pas qu'Angélique se retrouve en prison : il voulait seulement qu'elle cède à la crainte et redevienne fidèle ; aussi l'avait-il juste menacée d'utiliser cette lettre de cachet. Ici intervient Marie-Catherine d'Aulnoy. Comme Angélique se plaint à elle du chantage exercé par son mari, Marie-Catherine lui suggère de prétendre ne pas croire à l'existence de la lettre de cachet… jusqu'à ce que le mari, exaspéré, la lui montre, ce qui lui permettra de s'en emparer et de la détruire ! Angélique se fait une joie de suivre les conseils de son amie et brûle la lettre qui menaçait sa liberté, sous le regard stupéfait du mari !

Dès lors, celui-ci tentera bien d'obtenir une deuxième lettre de cachet mais, au XVIIe siècle plus qu'à toute autre époque, le ridicule est ce que l'on pardonne le moins ; aussi perd-il la partie. Il le comprend et en veut encore plus à Angélique. D'autant que celle-ci entreprend de protéger son patrimoine des créanciers de son mari en sollicitant une séparation de leurs biens, qu'elle obtient grâce aux généreux conseils et aux relations influentes de Marie-Catherine. Désormais, Angélique et Claude Tiquet continuent de cohabiter dans la même maison, mais font… argent et chambre à part !

Miséreux, cocu et ridicule, le mari n'a plus qu'à surveiller sa femme pour l'empêcher d'aller retrouver son amant. Chaque soir, avant d'aller se coucher, il verrouille la porte de la maison et empoche la clé.

Entre lui et Angélique, l'exaspération monte, stimulée par Marie-Catherine qui reporte sur cet homme la rancœur qu'elle conserve toujours à l'égard de son mari. Elle persuade son amie qu'elle ne retrouvera sa liberté et sa quiétude qu'en devenant veuve. Elle l'encourage à demander au comte de Montgeorges de provoquer Tiquet en duel et de le tuer, mais le comte refuse de s'attaquer à l'homme dont il a séduit la femme. Comme Angélique n'ose pas insister, Marie-Catherine lui propose d'empoisonner son mari.

Elle ne peut l'envoyer chez son ancienne tireuse de cartes, Marie Bosse, car celle-ci a fini brûlée en place de Grève en 1679, mais Paris ne manque pas de revendeuses d'arsenic. Angélique se procure une fiole de poison qu'elle mêle discrètement au potage destiné à son mari, mais l'un des valets de celui-ci, étonné de l'avoir vue s'égarer dans les cuisines, fait exprès de renverser la soupière !

Marie-Catherine lui conseille alors de se payer les services de deux truands, qu'elle se charge de recruter et qui abattront anonymement Claude Tiquet. L'attaque a lieu au soir du 8 avril 1699 : quand le mari rentre chez lui, un inconnu tire sur lui deux coups de pistolet, tandis que son complice le frappe avec une épée. Mais les détonations alertent les voisins, qui ouvrent leurs fenêtres pour voir ce qui se passe. Les deux tueurs doivent s'enfuir précipitamment sans avoir achevé leur victime, qui répondra plus tard au lieutenant général de la police n'avoir « pas d'autre ennemi que sa femme ».

Tout en rageant contre la chance qui semble décidément protéger les maris importuns, Marie-Catherine prévoit qu'Angélique va être soupçonnée. Elle l'héberge quelques jours chez elle, puis la confie à une autre femme de lettres. Heureusement car, dès le lendemain, le lieutenant criminel Jacques Dessita vient perquisitionner chez Marie-Catherine, qui s'évanouit… et qui ne reprend connaissance que pour courir prévenir son amie :

– Embarquez-vous au plus vite pour l'Angleterre, lui ordonne-t-elle. J'ai là-bas des amis qui vous protégeront.

Mais Angélique refuse de s'enfuir en coupable. Elle finit donc par être arrêtée, et torturée jusqu'à ce qu'elle avoue avoir tenté d'empoisonner son mari. Toutefois, jamais elle ne révèle que Marie-Catherine était sa complice, et elle monte dignement sur l'échafaud, le 19 juin 1699.

Son exécution publique constitue l'ultime deuil de notre héroïne, qui a douloureusement revécu à travers elle l'échec de son propre mariage. Même le décès du baron d'Aulnoy, survenu le 21 août 1700, arrive trop tard pour qu'elle s'en réjouisse. Elle meurt en dormant, le 14 janvier 1705, dans un renoncement dont elle-même ne se serait pas crue capable.

Hélène Jegado

(1803-1852)

Hélène Jegado est à ce jour la plus grande criminelle connue. Lorsqu'elle est enfin passée en cour d'assises, on l'a traitée de monstre et caricaturée, en soulignant qu'elle avait empoisonné même les gens qui lui étaient utiles ou qui cherchaient à l'aider.

Personne n'a compris que cette femme était surtout effrayée et qu'elle avait été prête à tout, y compris à assassiner des dizaines de personnes, juste pour sauvegarder la misérable précarité à laquelle elle était habituée depuis l'enfance, et qu'elle redoutait de perdre.

Une enfance fragile d'orpheline

Le 17 juin 1803, quand naît Hélène à Plouhinec, dans le Morbihan, la Bretagne est une région pauvre. Ses habitants tentent de se protéger du malheur en invoquant les saints chrétiens ainsi qu'en continuant de vénérer les derniers personnages de la mythologie celtique : on ne sait jamais… Les prêtres sont donc aussi craints et respectés que les korrigans, les Marie-Morgane ou les lavandières de la nuit, que beaucoup affirment avoir rencontrés au hasard d'une mauvaise nuit, peut-être un peu trop alcoolisée.

Pire que tout, il y a l'Ankou : un squelette ricanant, qui parcourt la région debout sur sa charrette tirée par deux chevaux faméliques. Il est toujours armé d'une faux qu'il tient à l'envers, pour mieux trancher les âmes des vivants égarés qu'il entraînera malgré eux dans l'au-delà… Ceux qui se vantent à voix basse de lui avoir échappé racontent, entre deux signes de croix et deux bolées de cidre, qu'ils l'ont reconnu : c'était le dernier mort de l'année précédente, celui qui doit accomplir sa sinistre mission jusqu'à ce qu'un autre défunt le remplace au service de la Grande Faucheuse… Durant ses premières années, Hélène est bercée par ces croyances qui la laisseront à jamais terrifiée.

Elle est la quatrième et dernière enfant de Jean Jegado et d'Anne Liscouet, deux cultivateurs qui s'épuisent pour arracher à la terre de quoi les nourrir, eux et leur famille. Le soir, ils s'abritent dans leur masure composée d'une seule pièce, au sol en terre battue. Ils ne font qu'y dîner, y prier et y dormir. Ils ne rêvent même pas. Tout au plus s'échappent-ils du quotidien par la nostalgie : Jean Jegado rappelle volontiers l'époque où il était chouan et où il combattait pour le retour de la monarchie… Son épouse l'écoute jusqu'au soir où, minée par les privations, elle meurt prématurément, alors qu'Hélène n'a que sept ans.

Le veuf brade aussitôt la ferme pour partir se faire embaucher à la journée. Il ne peut s'encombrer de ses enfants ; aussi confie-t-il Hélène, qui est la plus jeune et ne peut encore travailler, aux sœurs de sa défunte épouse, Marie-Jeanne et Hélène Liscouet. Toutes deux sont les bonnes du curé de Bubry. Elles acceptent par charité de se charger de leur nièce, mais elles n'ont ni le temps ni les moyens de l'éduquer. Tout au plus lui apprendront-elles à cuisiner et à servir, comme elles.

Hélène grandit donc silencieusement, en refoulant le traumatisme causé par la mort de sa mère, l'abandon de son père et la perte de tous ses premiers repères dans le taudis familial. Elle en retient que les gens comme elle n'ont aucun droit, qu'ils restent soumis à l'Ankou et aux mauvais sorts même lorsqu'ils respectent scrupuleusement les rites superstitieux pour conjurer le malheur.

Plus tard, on reprochera à Hélène d'être négligée, mais personne n'a pris le temps de lui enseigner l'hygiène ni les moyens de se mettre en valeur. Pauvre et sale, ne sachant ni lire ni écrire et parlant le breton à peine moins mal que le français, Hélène doit se résigner dès l'âge de sept ans à n'avoir plus d'autre horizon que les cuisines crasseuses de ses futurs maîtres. Son ambition est de s'y maintenir pour ne pas tomber dans la mendicité. Et son unique plaisir consistera à boire : en dérobant tous les alcools qui restent à sa portée dans les cuisines, pour les avaler goulûment ou pour les cacher et les savourer en cachette. Sans se douter que cette misérable satisfaction contribuera, au fil des années, à ce que certains se méfient d'elle tandis que d'autres se moquent de son allure, et que tous la méprisent unanimement.

La peur

Jusqu'à l'âge de trente ans, Hélène va ainsi subsister dans les cuisines des presbytères, au service des prêtres et de leurs servantes. Sa laideur et ses vêtements sales la protègent des avances des garçons et lui valent l'indulgence apitoyée des membres du clergé, qui apprécient sa disponibilité totale autant que sa moralité irréprochable.

Quant à elle, elle se satisfait de cette existence misérable et servile, et n'en demande pas davantage… jusqu'en 1833.

Cette année-là, l'abbé Connan, qui a la charge de la paroisse de Séglien, congédie brutalement Hélène lorsqu'il s'aperçoit qu'elle détourne du vin de messe pour le boire. Il se mettrait encore davantage en colère s'il fouillait la chambre d'Hélène, car il constaterait alors que la jeune femme, en plus d'être alcoolique, est une voleuse. Elle dérobe tout ce qui est à portée de sa main, tout ce que l'on ne recherchera pas immédiatement, tous ces objets qu'on croit rangés « ailleurs » et qu'on finit par racheter, à moins que l'on ne se résigne à s'en passer. Peu importe qu'ils lui soient utiles ou non : bien plus tard, on retrouvera dans ses misérables affaires des peignes, des accessoires de mode qu'elle n'a certainement jamais eu l'occasion de porter, des bibelots dont elle ignorait l'usage. Mais, grâce à ces larcins, sans doute a-t-elle fugitivement eu la sensation d'exister, d'occuper pendant quelques secondes un rang auquel elle n'avait pas droit…

Furieux, l'abbé chasse Hélène sans délai, ce qui lui rappelle la précarité de sa condition. Elle qui n'a ni parents ni mari pour la soutenir, s'effraie de se voir jetée à la rue. Heureusement, à la même époque, sa sœur Anna quitte le service du presbytère de Guern et, avant de partir, suggère au curé, Dom Joseph Le Drogo, d'engager Hélène à sa place. Ce que le curé accepte, parce qu'il était satisfait d'Anna et qu'il s'attend à ce que sa sœur le serve tout aussi scrupuleusement.

Néanmoins, durant quelques jours, Hélène s'est demandé ce qu'elle allait devenir si elle ne retrouvait pas d'emploi. Et cela été suffisant pour qu'elle se jure de tout faire, à l'avenir, afin de s'assurer un toit. C'est donc à partir de cette date qu'elle apportera le malheur avec elle.

Dom Joseph demeure au presbytère de Guern avec ses parents ainsi qu'avec deux autres jeunes domestiques, qui regagnent le soir leurs domiciles respectifs. Mais à peine Hélène a-t-elle pris ses fonctions que la tante du curé meurt, le 7 juin 1833. Trois semaines plus tard, c'est le père du curé[1], jusque-là en pleine santé, qui s'affaiblit inexorablement, au point de rendre l'âme, le 28 juin 1833.

Sa veuve, Guillemette, ne lui survit qu'une semaine. Elle meurt le 5 juillet suivant. Le 17 juillet, c'est au tour de sa petite-fille, la jeune nièce du curé, venue pour distraire la famille de ces deuils avec l'énergie trépidante de ses sept ans. Le même mal mystérieux emporte ensuite l'une des deux servantes, puis Dom Joseph lui-même, qui meurt le 28 septembre 1833… quatre jours avant sa deuxième domestique… et cinq jours avant la propre sœur d'Hélène !

Anna Jegado était revenue au presbytère soutenir ce curé qu'elle avait longtemps servi. À moins qu'elle n'ait eu des doutes sur l'origine de cette épidémie et qu'elle n'ait tenté de raisonner sa sœur… On ne saura jamais ce que les deux jeunes femmes se sont dit mais, juste après leurs retrouvailles, Anna Jegado a présenté elle aussi les symptômes qui avaient été fatals au curé et à ses proches.

1. Il s'appelle lui aussi Joseph Le Drogo.

Le malheur n'arrive jamais seul, il accompagne Hélène

Toutes ces agonies se suivent et se ressemblent, sous le regard impuissant du docteur Martel qui ne parvient pas à diagnostiquer l'origine de cette mystérieuse épidémie, rigoureusement circonscrite au presbytère.

Le brave médecin de campagne craint que cette cascade de décès n'annonce un retour du choléra, maladie capricieuse qui s'était déjà déclarée l'année précédente et avait décimé une partie de la population française avant de se retirer, comme éradiquée, de façon tout aussi inexplicable qu'elle avait surgi. Il n'envisage même pas que toutes ces morts soient causées par une ingestion d'arsenic, l'un des poisons les plus efficaces et, surtout, le plus facile à se procurer au XIXe siècle : on en trouve dans toutes les cuisines, car il est indispensable pour éviter la prolifération des rats, notamment…

Mais le docteur Martel a une excuse, il ne peut pas soupçonner de crime puisque tous ces morts étaient trop pauvres pour avoir suscité la cupidité ou l'envie ; de plus, ils n'appartenaient pas aux mêmes familles et ne laissaient donc pas les mêmes héritiers. Et surtout, on ne connaissait à ces gens modestes aucun ennemi.

Leur mort reste un mystère pour tous… sauf pour l'insoupçonnable domestique qu'est Hélène. Cantonnée dans sa cuisine, elle y prépare des repas variés en mélangeant harmonieusement farine, épices et arsenic… Et face aux décès de tous ceux qu'elle sert, elle manifeste la discrète émotion qu'on attend d'elle, pour mieux dissimuler ses premiers sourires victorieux.

Elle qui n'a été jusqu'à présent que tolérée sinon méprisée partout où elle a travaillé, voici qu'elle acquiert, grâce à cette hécatombe, un statut privilégié aux yeux des nombreux fidèles qu'elle retrouve à la messe. On la félicite pour le courage qu'elle a manifesté en restant auprès du curé et de ses proches et en continuant de les soigner sans se soucier d'une possible contamination. On s'étonne aussi qu'elle soit encore en vie, seule rescapée de l'épidémie qui a frappé le presbytère. Du coup, les plus superstitieuses des paroissiennes lui accordent ce respect auquel ont droit les survivants, même s'ils n'ont été épargnés que par hasard…

Bien sûr, il se trouve quelques commères pour insinuer qu'il est tout de même étrange que seule la Jegado ait résisté à cette mystérieuse maladie… Mais ces dames en concluent seulement qu'elle a peut-être le « mauvais œil ». Et cela ne fait que stimuler la considération vaguement effrayée que suscite Hélène qui sent bien que l'on s'interroge sur son passage, mais qui préfère cette suspicion au mépris qu'elle subissait jusque-là. Et c'est pour sauvegarder ce statut ambigu d'ange dévoué ou de sorcière que, désormais, elle va user et abuser de l'arsenic partout où elle sera employée.

Cuisines avec vue sur la mort

Après la mort du curé de Guern, Hélène n'a plus d'emploi. Mais elle va de nouveau remplacer sa défunte sœur Anna, qui était servante chez le curé de Bubry. C'est d'ailleurs à Bubry que loge l'une de ses tantes, Marie-Jeanne Liscouet. Celle-ci succombe très vite à la même maladie qui avait emporté les habitants du presbytère de Guern, sous le regard affectueux de sa nièce, qui se dévoue pour elle au point de refuser obstinément qu'on la remplace au chevet de la malade…

La mort de Marie-Jeanne Liscouet est bientôt suivie de celle de la sœur du curé, Jeanne-Marie Lorho. Et de la jeune nièce du curé, Jeanne-Marie Kerfontain. Hélène doit alors quitter le presbytère : non pas parce qu'on la suspecterait – au contraire, le curé lui est reconnaissant d'avoir veillé avec tant de soin sur sa sœur et sa nièce – mais, maintenant qu'elles sont mortes, il craindrait pour sa réputation s'il vivait seul avec sa cuisinière.

Pour lui témoigner sa reconnaissance, il veille du moins à lui trouver un emploi de couturière chez une jeune veuve de Pontivy, Jeanne-Marie Leboucher qui souffre aussitôt de vomissements, au point d'en mourir. Perrine, sa fille, ne lui survit que quelques semaines. Puis son fils présente les mêmes symptômes, mais il guérit à partir du jour où il accuse Hélène d'être une sorcière et où il refuse ses repas. Coïncidence qui n'alerte même pas le médecin local, le docteur Toursaint, car, en bon scientifique, celui-ci refuse d'admettre que quelqu'un puisse avoir le « mauvais œil »... Il prend donc énergiquement la défense d'Hélène, qui en profite pour se faire engager à Locminé chez la patronne d'un café, la veuve Lorcy. Celle-ci succombe peu après.

Pour démontrer publiquement qu'il est un esprit fort et qu'il ne cédera jamais aux superstitions, le docteur Toursaint engage alors Hélène au service de ses propres parents. Sa confiance sera récompensée, comme il pouvait s'y attendre : le 5 juillet 1835, son père meurt. Suivi, dès le 21 juillet, par sa fille Julie, la jeune sœur du docteur. Et le 31 août, par son épouse. Le médecin hérite de toute sa famille, tandis qu'Hélène craint de ne pas retrouver de sitôt un emploi de cuisinière dans la région...

Une brève halte au couvent du Père éternel

Pour subsister, elle s'éloigne jusqu'à Auray et demande à être hébergée au couvent dit « du Père éternel ». Les franciscaines y pratiquent la charité entre leurs prières ; elles se dévouent pour soigner les malades les plus pauvres ou les plus contagieux, aussi ont-elles pitié d'Hélène quand celle-ci leur raconte sa pathétique histoire. Et elles l'accueillent comme cuisinière. Hélène les remercie à sa façon en leur mijotant des plats délicats, auxquels les bonnes sœurs pourraient tout au plus reprocher de favoriser le péché de gourmandise. En tout cas, aucun décès ne sera à déplorer parmi ces franciscaines.

Mais soudain, voici que le paisible couvent du Père éternel devient le théâtre d'événements aussi effrayants qu'inexplicables ! Au moment d'assister à la messe, les religieuses trouvent leurs robes rageusement lacérées à coups de ciseaux. D'autres s'aperçoivent avec terreur qu'on a arraché des pages aux missels enluminés que leurs familles leur avaient offerts… Même les piles de draps entreposées dans les armoires ne sont pas épargnées.

Sans qu'on lui demande son avis, Hélène explique que le démon a dû prendre possession du couvent, et elle se propose de l'éloigner en multipliant les prières ou en assistant à encore davantage de messes. La plupart des franciscaines se laissent gagner par l'épouvante, mais la mère supérieure reste dubitative et donne l'ordre à quelques religieuses de faire le guet… jusqu'à ce qu'on prenne Hélène sur le fait, à l'instant précis où elle s'apprêtait à jeter un seau d'eau sale dans le délicat harmonium de la chapelle. Et cette fois, elle a beau jurer en sanglotant qu'elle ne sait pas ce qui lui a pris, elle se trouve mise à la porte du couvent !

Encore pourrait-elle remercier la congrégation de ne pas déposer plainte contre elle pour toutes les dégradations qu'elle a commises, et qui auraient été interprétées par les tribunaux de l'époque comme des actes sacrilèges, lourdement punis.

Après la morte-saison, la saison des morts

Hélène Jegado n'a causé la mort d'aucune des religieuses du couvent du Père éternel. On pourrait en déduire qu'elle a renoncé à mélanger dans sa cuisine le sel et l'arsenic, mais cette trêve dans les empoisonnements a seulement été dictée par son authentique piété et le respect ambigu que lui inspiraient les servantes de Dieu.

Aussitôt exclue de la congrégation, elle se place comme couturière chez Anna Le Corvec, à Auray. Toutefois, il suffit qu'un soir elle se propose de lui préparer un repas pour que cette vieille dame décède, le 5 décembre 1835, après deux jours de souffrances. Hélène estime prudent de s'éloigner jusqu'à Pluneret où elle est engagée par une lingère, Anne Lefur. Qui tombe malade, à son tour…

Encore une fois, après la jouissance de l'empoisonnement, la cuisinière craint d'être accusée, notamment par des voisins de sa victime qui ont pu entendre parler de la soudaine maladie d'Anna Le Corvec et risqueraient d'effectuer des rapprochements entre ces deux agonies semblables. Car, même si Hélène n'a reçu aucune instruction, elle est incontestablement intuitive et sait évaluer avec précision les dangers encourus.

Elle a compris que les médecins ne constituaient pas une menace pour elle, tant ils sont obnubilés par leur science, au point de ne vouloir expliquer les accumulations de décès en série que par la contagion ou les épidémies. Seuls les gens modestes, superstitieux et moins cultivés, ont constaté que la mort ou son représentant, l'Ankou, semblent s'attacher aux pas de cette domestique pourtant bien plus dévouée que les autres. Mais leur opinion n'a aucune importance puisque, dès que certains d'entre eux murmurent que, sous ses airs de bigote, cette femme a le mauvais œil, les scientifiques comme les juristes haussent les épaules d'un air amusé et supérieur, sans jamais condescendre à prendre ces avertissements au sérieux…

Hélène le sait. Aussi devance-t-elle les craintes superstitieuses en déplorant elle-même n'avoir pas de chance ou être maudite, parce que l'Ankou s'en prend à tous ceux qui l'engagent. Ces quelques mots suffisent à la faire passer du statut de suspecte à celui de victime, et peu importe qu'ils soient répétés aux médecins et autres notables, puisque ceux-ci n'en tiendront pas compte…

Convaincue de s'être ainsi assuré l'impunité, Hélène use de plus en plus fébrilement de l'arsenic, quitte à perdre à ce jeu ses emplois successifs. À Auray, elle est engagée au service de M. et Mme Hetel par leur gendre, le docteur Le Doré. Au cours d'un repas de fête, l'un des invités reconnaît la cuisinière et prévient le médecin que cette femme est dangereuse. En gendre dévoué, Le Doré licencie Hélène dès le lendemain… trop tard ! Sa belle-mère, Jeanne Le Croizec épouse Hetel, meurt le 16 février 1836, après de multiples nausées.

À Pontivy, le maire la prend à son service. Il a un fils de quatorze ans, qui se moque d'Hélène et qui paie cet affront de sa vie, quelques heures plus tard. Hélène est regardée comme responsable de sa mort et renvoyée, mais seulement parce qu'on lui reproche d'avoir laissé à la portée du gamin de la moutarde et du vinaigre, ingrédients qui lui étaient déconseillés et dont il se serait goinfré en cachette.

À Hennebont, elle cuisine pour Jacques Keraly, qui meurt dès le 24 juin 1836. Bientôt suivi par Mme Aupy, qui a eu l'imprudence de vouloir donner encore une chance à Hélène...

À Ploemeur, toute la famille qui l'emploie tombe malade, mais seule meurt une enfant de deux ans et demi.

Etc. La liste des victimes de la cuisinière est aussi tragique que répétitive, et sans doute encore incomplète. Elle se poursuit jusqu'en 1850 sans qu'Hélène n'ait ni mobile, ni scrupules, ni remords !

Les crimes de trop

En octobre 1850, à Rennes, Hélène est chassée des cuisines de l'auberge du Bout du Monde. Non pas parce qu'elle a empoisonné l'une des serveuses, Perrotte Macé, ni parce qu'elle avait commencé à s'en prendre à la mère du propriétaire, qui aura par la suite bien du mal à se rétablir. Non. Le patron la met à la porte seulement parce qu'il l'a surprise en train de dérober dans sa cave une bouteille de vin...

Alors qu'elle craint, une fois de plus, de ne pas retrouver d'emploi, une gouvernante la prend en pitié et la présente à Rose Tessier, qui est employée de maison chez Me Théophile Bidard de la Noë, avocat mondain et professeur de droit. Rose explique que son employeur n'arrive pas à garder de cuisinière, or il lui en faut une, car il donne fréquemment des réceptions[1]. Quand Hélène s'inquiète de savoir pourquoi les cuisinières ne restent pas, Rose la rassure : toutes ces dames sont parties pour des raisons personnelles, mais la place est confortable et Me Bidard pas trop exigeant. La preuve en est qu'elle-même est à son service depuis plus de quatorze ans. Hélène se laisse convaincre et se présente à l'avocat, qui l'engage aussitôt. Peut-être parce qu'il n'a pas le choix.

La voici apaisée : elle a de nouveau un emploi, et Rose ne lui avait pas menti à propos de leur patron, un célibataire aussi distrait que bienveillant. Très accaparé par ses deux professions juridiques, il ne perd pas de temps à surveiller ses domestiques. Et il se montre tout particulièrement indulgent envers Hélène, tant il craindrait de se retrouver une quatrième fois sans cuisinière.

En revanche, Rose a omis de prévenir Hélène que sa propre ancienneté au service de Me Bidard lui confère un statut privilégié. En l'absence de maîtresse de maison, elle remplit un rôle de gouvernante davantage que de bonne, et elle se permet de donner des ordres à Hélène. Or, celle-ci ne supporte pas de devoir rendre des comptes à une autre domestique. Elle se sent humiliée et, comme elle ne supporte pas ses brimades, Rose ne tarde pas à tomber malade… Elle souffre de nausées et s'affaiblit au point de devoir rester couchée des journées entières. À cette occasion, Me Bidard apprécie le dévouement d'Hélène qui, depuis que Rose est alitée, semble avoir oublié leurs différends et la soigne de son mieux, veillant

1. Plus tard, en 1870, il sera élu maire de Rennes.

même à lui apporter tous ses repas dans sa chambre et la faisant manger lorsqu'elle est trop faible.

Le docteur Pinault ne diagnostique qu'un embarras gastrique. Rien de grave. Mais Hélène se déclare plus inquiète et n'hésite pas à prédire que Rose risque fort de ne jamais s'en remettre. L'avenir lui donne raison, puisque la bonne s'éteint le 7 novembre 1850. Hélène la pleure sous le regard attendri des gens du quartier, bouleversés par le dévouement qu'elle a manifesté envers une domestique qui l'avait pourtant maltraitée.

D'ailleurs, Hélène semble vraiment trop bonne. Maintenant que Rose n'est plus là, elle offre à Me Bidard de faire son travail, en plus du sien, ce qui lui permettrait d'être seule avec ce patron qu'elle apprécie pour sa générosité. Mais justement, l'avocat refuse qu'elle s'épuise à tenir à la fois sa maison et sa cuisine, et il insiste pour remplacer Rose. Alors, Hélène lui trouve une domestique susceptible de leur convenir à tous les deux : Françoise Huriaux est une brave fille, un peu trop timide sinon simple d'esprit. Pas du style à prétendre diriger la maison.

Hélène l'apprécie. Pas longtemps. Bientôt elle la juge trop bête, trop paresseuse... Désormais, c'est elle qui humilie la bonne et la décrie auprès des voisines. En somme, il est temps que Françoise tombe malade : sous le regard redevenu bienveillant d'Hélène, voici qu'elle souffre de nausées et de coliques. Heureusement, sa mère vient la voir, s'inquiète et lui ordonne de démissionner de cette maison maudite. Toujours soumise, Françoise obéit, abandonne son service et va se faire hospitaliser à l'Hôtel-Dieu. D'ailleurs, ses malaises cessent à partir du jour où elle quitte la demeure de Me Bidard.

Toutefois, celui-ci s'obstine à vouloir engager une bonne, sans accorder d'importance aux protestations d'Hélène. Pour ne pas le fâcher, elle se met en quête d'une nouvelle domestique et fait la connaissance de Rosalie Sarrazin, une jeune fille pauvre et modeste, qui s'émerveille de cet emploi bien mieux payé que les précédents et qui a à cœur de donner satisfaction. Elle se montre même reconnaissante envers Hélène de l'avoir recrutée, de sorte que tout se passe pour le mieux… du moins, au début.

Cette belle harmonie cesse le jour où Me Bidard s'aperçoit que Rosalie possède une instruction inattendue pour une domestique : elle sait lire, écrire et compter. Dès lors, il s'emploie à la valoriser en lui déléguant la gestion de ses comptes, ce qui contraint Rosalie à contrôler les dépenses d'Hélène. Qui ne supporte pas d'avoir à se justifier, même lorsqu'elle n'a détourné ni argent ni alcool et semble n'avoir rien à cacher. Elle ne tolère pas cette emprise de Rosalie, d'autant que Me Bidard se montre charmé par la douce personnalité de la jeune femme, l'exhortant à ne pas se laisser intimider par cette cuisinière ivrognesse et sale. Dans une bouffée de dégoût, il en arrive même à suggérer à Hélène de se chercher un autre emploi. Et, comme elle feint de n'avoir pas compris, il lui donne congé.

C'est bien plus qu'elle n'en peut supporter. Le soir même, Rosalie tombe malade : nausées, vomissements habituels… Comme elle a mangé le repas destiné à Me Bidard, on ne saura jamais lequel des deux était visé. L'important est qu'Hélène voit son contrat de travail prolongé jusqu'au rétablissement de Rosalie : l'avocat a beau être excédé par ses manières, il serait bien incapable de vivre seul. Pourtant, Rosalie commence à soupçonner la cuisinière de l'empoisonner. Et, en l'écoutant, Me Bidard comprend que ces maladies qui atteignent ses domestiques successives ne sont peut-être pas naturelles. Mais il craindrait de se montrer injuste en accusant Hélène, qui lui semble plus stupide que machiavélique. Rosalie paiera cette hésitation de sa vie. Elle meurt le 1er juillet 1851, sous le regard impuissant des docteurs Pinault et Beaudoin.

Ces médecins, Hélène les accueille aimablement, sûre de pouvoir les abuser comme elle a trompé tous les autres. Pourtant, tous deux restent dubitatifs devant ses jérémiades. Leurs soupçons sont renforcés par le fait que, cette fois, il y aurait un mobile à un possible empoisonnement, puisque les deux domestiques décédées exaspéraient la cuisinière. Ils en discutent avec Me Bidard, qui les envoie exprimer leurs doutes devant le procureur de la République.

Un juge d'instruction, Hippolyte Vannier, est saisi de l'affaire. Or, dès qu'il se présente au domicile de l'avocat, Hélène s'écrie en lui ouvrant la porte… qu'elle est innocente ! Ce qui ne peut qu'éveiller sa suspicion. En fouillant sa chambre, il trouve divers objets de valeur (linge et bibelots), qu'elle finit par avouer avoir dérobés à ses précédents employeurs. À cette époque, le vol est sévèrement réprimé, et le juge d'instruction décide d'enquêter auprès de tous ceux chez qui Hélène a servi. Il découvre ainsi, plus ou moins fortuitement, que l'arrivée de la cuisinière dans une maison a presque toujours été suivie de multiples décès.

L'autopsie de Rosalie Sarrazin confirme que celle-ci a bien été empoisonnée, à l'arsenic. Cela décide le juge d'instruction à faire exhumer et autopsier Rose Tessier, qui servait elle aussi chez Me Bidard, puis Perrotte Macé, la domestique de l'auberge du Bout du Monde qui n'a pas survécu à l'arrivée d'Hélène. Le résultat est catégorique : elles ont toutes ingéré de l'arsenic ! Le magistrat n'a plus qu'à enquêter sur les (nombreux) décès de ceux qui ont croisé Hélène au cours des dix années précédentes, les crimes commis avant 1841 bénéficiant de la prescription légale.

Le procès d'une femme qui se dit maudite

Hélène Jegado est traduite devant la cour d'assises d'Ille-et-Vilaine le 6 décembre 1851. En pleines émeutes nationales, puisque, quatre jours plus tôt, le coup d'État de Louis-Napoléon Bonaparte a fait basculer le pays de la IIe République au Second Empire.

La cuisinière est accusée d'avoir volé toutes sortes d'objets (bouteilles d'eau-de-vie, serviettes, mouchoirs, parapluie…) et d'avoir empoisonné ou tenté d'empoisonner sept personnes, parmi bien d'autres victimes.

Le procès est médiatique, la foule se presse pour apercevoir l'empoisonneuse et écouter les débats, même si l'on connaît par avance le verdict. Le nombre des victimes et l'absence de mobile compréhensible laissent deviner que « la Jegado » sera condamnée à la peine de mort. De plus, l'avocat d'Hélène, Me Magloire Dorange, est jeune, doté d'un talent qu'on qualifie de prometteur mais, pour l'heure, inexpérimenté.

Durant les débats, on peut se demander si l'accusée n'était pas sincère lorsqu'elle affirmait porter malheur. En effet, aucune des trois personnes convoquées pour témoigner en sa faveur ne pourra comparaître. La première est le docteur Alphonse Baudin, médecin spécialisé dans les maladies de l'estomac. On comptait sur lui pour démontrer aux jurés que les symptômes des victimes supposées d'Hélène Jegado pouvaient avoir été causés par une maladie de l'estomac ou de l'intestin, mais il a été abattu sur une barricade, durant les émeutes liées au coup d'État. La deuxième personne est François-Vincent Raspail, chimiste qui avait déjà pris la défense de Mme Lafarge[1] en expliquant que tout corps humain contenait de l'arsenic, même sans avoir été empoisonné. Il est actuellement incarcéré pour ses prises de position politiques. Enfin, le docteur Ange Guépin, humaniste gagné aux idées socialistes, se trouve bloqué à Nantes du fait de la situation politique particulièrement troublée.

Me Dorange sera donc seul à défendre Hélène, sans pouvoir espérer renverser l'opinion publique en sa faveur.

La fin d'une empoisonneuse

Lorsqu'elle entend que les jurés l'ont condamnée à mort, Hélène non plus n'est pas surprise. Pourtant, elle pleure. Elle jure qu'elle est innocente, victime des apparences et, dans un accès de colère, maudit ses juges : « Ceux qui m'ont fait condamner se repentiront dans l'autre monde, où ils se retrouveront avec moi. Il verra, alors, Me Bidard… » Son avocat tente un pourvoi en cassation, impitoyablement rejeté. Sa requête en grâce auprès de Napoléon III suit le même sort.

1. Voir chapitre suivant, p. 151.

En comprenant qu'elle va être exécutée, Hélène est surtout terrorisée par la perspective de devoir répondre devant Dieu de tous ses crimes. L'aumônier de la prison utilise habilement cette angoisse pour la convaincre de se confesser, et ainsi décharger sa conscience avant de mourir. À une pareille requête, Landru répondra plus tard, de façon énigmatique : « Cela, c'est mon petit bagage. » Mais Hélène Jegado n'est pas cynique. Seulement effrayée. Aussi énumère-t-elle ses empoisonnements à l'oreille de l'aumônier, avant de l'autoriser à rendre publique sa confession, dans l'espoir que son repentir lui vaudra l'indulgence divine. Elle persiste seulement à nier avoir empoisonné sa sœur.

En cet instant, après s'être librement confessée à Dieu et aux hommes, bien qu'elle sache qu'elle va mourir dans les prochaines heures, elle cesse enfin d'avoir peur, pour la première fois depuis la mort de sa mère… Et, le 26 février 1852, au petit matin, à Rennes sur le Champ-de-Mars, elle est exécutée.

Marie Capelle, veuve Lafarge

(1816-1852)

Marie Fortunée Aimée Capelle naît le 15 janvier 1816, dans ce qu'il est convenu à cette époque d'appeler une bonne famille. Son père arbore le titre de baron et est colonel d'artillerie dans la garde impériale. Sa mère, Edmée-Caroline Collard, est l'héritière d'une importante fortune. Et ses deux tantes maternelles sont mariées à de riches aristocrates.

Comme toutes les meilleures familles, celle de Marie possède un secret, inconvenant bien sûr, mais tout de même assez prestigieux pour qu'on ne le dissimule pas tout à fait : la rumeur murmure que sa grand-mère maternelle était la fille illégitime du duc d'Orléans[1] et de la comtesse de Genlis.

Une jeunesse en guise de circonstances atténuantes

Marie grandit donc avec la fierté d'être issue de sang royal. Elle poursuit ses études à la pension de la maison royale de Saint-Denis, et passe ses vacances avec sa sœur chez son grand-père maternel, au château de

1. Il s'agit du prince Louis-Philippe de Bourbon d'Orléans, surnommé « Philippe Égalité », père du futur roi Louis-Philippe.

Villers-Hélon, en Picardie, où elle côtoie des aristocrates, ce qui la conforte dans son sentiment de supériorité. C'est d'ailleurs dans ce château familial que Marie noue une amitié durable avec la fille du marquis de Nicolaï, député et pair de France – amitié qui aura d'importantes conséquences par la suite…

Toutefois, cet élégant bonheur ne dure pas. Le 10 novembre 1828, alors que Marie a seulement douze ans, son père meurt à la chasse, de l'explosion d'un fusil entre ses mains. Sa veuve se remarie bientôt avec le baron Eugène de Coëhorn, un noble alsacien que Marie déteste instinctivement. Elle est néanmoins contrainte de suivre sa mère chez lui, au château d'Ittenvillers (Ittenwiller). Mais en 1835, lorsque sa mère meurt à son tour, d'une phtisie, Marie est aussitôt chassée par son beau-père.

Désormais, l'altière jeune fille doit se résigner à ce que son confort dépende de la bienveillance de son grand-père et de la charité de ses tantes. Cette situation de soumission, à laquelle elle n'avait pas été préparée, la plonge dans une neurasthénie dont elle ne sortira plus. Mais qu'elle distrait en commettant de multiples larcins : dans les boutiques comme chez ses amies ou lorsqu'elle est invitée par les relations de sa famille, Marie dérobe tout ce qu'elle peut emporter discrètement. Tout ce qui lui plaît, tout ce qu'elle estime lui être dû, tout ce qu'elle aurait pu avoir… Bref, elle vole n'importe quoi, pour le plus grand désarroi de ses oncles et tantes qui redoutent que cela ne suscite un jour un scandale. D'autant que, lorsqu'elle est prise sur le fait, elle se justifie en se lançant dans des mensonges aussi romanesques qu'invraisemblables.

La poursuite simultanée d'un mari… et de l'amour!

En ce début de XIXe siècle, la seule réussite que peuvent briguer les jeunes filles est évidemment le mariage! Marie a été élevée dans cette perspective et bénéficie de nombreux atouts pour attirer un époux convenable, sinon prestigieux: brune au teint très clair, elle possède des traits fins et a reçu une parfaite éducation. Elle est cultivée et écrit fort bien: elle le démontrera plus tard en rédigeant ses mémoires pour faire entendre (peut-être) sa vérité. Enfin, elle est toute disposée à aimer passionnément l'homme qui demandera sa main, pourvu qu'il soit digne de son admiration.

Réflexion faite, ce tempérament idéaliste de Marie constitue plutôt un handicap. C'est même ce qui va faire obstacle à plusieurs alliances possibles.

Un premier aristocrate courtise Marie. Elle le décrit elle-même comme jeune, beau et fortuné. Mais elle n'en veut pas, tout simplement parce qu'il a demandé sa main à sa famille avant de venir lui prodiguer des serments d'amour. Ce caprice finit d'exaspérer la tante qui l'a recueillie, déjà agacée par les vols répétés de Marie. Aussi profite-t-elle de cet incident pour renvoyer la jeune fille chez son grand-père. Celui-ci se hâte d'inviter de brillants jeunes hommes en son château de Villers-Hélon, et l'un d'entre eux se montre troublé par Marie. Il la demande en mariage, mais il a le tort de lui confier avoir déjà aimé une autre femme… Or, Marie exige d'être le seul amour de celui à qui elle se donnera! Elle dédaigne donc ce deuxième soupirant.

Enfin, elle s'enflamme pour un élégant inconnu qui l'a courtisée dans le jardin des Tuileries sans même la connaître. Il est svelte, il a le teint pâle des fragiles héros romantiques alors à la mode et, de plus, il est fortuné. Il guette son passage, lui envoie des lettres d'amour dissimulées dans des bouquets de fleurs... Oui, mais ses parents tiennent une droguerie ! Lorsque Marie l'apprend, elle repousse le jeune homme en lui expliquant qu'elle ne peut tout de même pas épouser un fils de droguiste[1] !

Dans cette course au mari, Marie peut compter sur la bienveillante complicité de sa meilleure amie, Marie de Nicolaï. Les deux jeunes filles partagent rêves et confidences, et s'encouragent dans la recherche du meilleur parti. C'est ainsi qu'elles remarquent à l'église le sourire de Félix Clavet : beau jeune homme brun et élégant. Elles s'enflamment toutes deux pour lui et s'émerveillent de croiser son chemin à maintes reprises, même si ce n'est pas tout à fait un hasard : l'homme les suit car il est lui aussi séduit... mais par Marie de Nicolaï ! Nullement vexée, Marie sert d'intermédiaire aux amoureux en leur transmettant leurs lettres d'amour. Elle vit l'idylle par procuration, jusqu'à ce que Marie de Nicolaï renonce à cette romance, trop ordinaire pour elle, et préfère épouser le vicomte Adalbert de Léautaud.

Dès lors, Marie de Nicolaï exulte. Elle invite son amie dans le château de son mari et ne résiste pas au plaisir de lui faire admirer, un matin, une somptueuse parure de perles et de diamants que le vicomte vient de lui offrir. Encore une fois, Marie partage sans jalousie le bonheur de son amie. Et elle compatit tout autant lorsque, peu

1. Marie a certainement regretté plus tard son attitude, en découvrant que cet homme était encore plus romantique qu'elle n'aurait pu l'espérer. En effet, longtemps après leur rupture, lorsqu'il a appris qu'elle était accusée d'empoisonnement, il s'est suicidé d'un coup de revolver.

après, on s'aperçoit que la magnifique parure a disparu de sa boîte… Désemparée, Marie de Nicolaï soupçonne ses domestiques et en renvoie un ou deux, avant de se résigner à la perte définitive de sa parure. Ni elle ni notre héroïne ne peuvent encore se douter des circonstances dans lesquelles le bijou réapparaîtra…

Quand Antonine, sa sœur cadette, se fiance, Marie comprend qu'elle a vingt-trois ans et qu'elle risque de rester célibataire, sinon vieille fille, selon l'expression péjorative en vogue à cette époque… Sa tante et son oncle par alliance s'en effraient plus encore, car ils ont dû reprendre chez eux cette nièce encombrante après le décès du grand-père, et ils craignent de l'avoir définitivement à charge !

À défaut de coup de foudre, un mariage éclair

C'est alors que se présente un homme providentiel : il s'appelle Charles Pouch-Lafarge, il est maître de forge en Corrèze, maire de la commune de Beyssac, et habite un château avec sa mère et sa sœur… De plus, il vient d'inventer un nouveau procédé pour couler le minerai de fer : il affirme n'avoir plus qu'à faire breveter son invention pour conquérir fortune et notoriété.

Quand l'oncle de Marie évoque la situation de ce célibataire idéal, la jeune fille ne peut qu'accepter de faire sa connaissance, d'une part parce qu'un tel homme semble posséder de quoi lui rendre le prestige auquel elle avait été habituée chez ses parents, d'autre part parce que sa tante ne laisse échapper aucune occasion de lui rappeler qu'elle est à sa charge et qu'il lui sera de plus en plus difficile de trouver un mari. Personne ne le dit, mais ce prétendant possède aux yeux des oncle et tante de Marie un autre atout : s'il épouse leur nièce, il l'emmènera chez lui, au fin fond de la Corrèze ! Là-bas, l'extravagante jeune femme pourra bien faire ce que bon lui semblera, elle sera assez éloignée d'eux pour qu'ils n'aient plus à craindre d'avoir honte d'elle…

Bref, une première rencontre est précipitamment organisée à l'issue d'un concert parisien. Hélas, loin d'être séduite, Marie trouve Charles laid et vulgaire. Lui en revanche paraît subjugué, au point d'envoyer à Marie dès le lendemain une lettre d'amour, et de formuler (déjà !) sa demande en mariage. Une telle hâte devrait susciter la méfiance familiale ; pourtant, la tante invite Charles à se présenter chez elle… avec ses livres de comptes ! Il obtempère, avant de faire admirer à Marie une aquarelle représentant son château du Glandier : un ravissant manoir, coiffé d'ardoises bleutées et entouré d'un jardin à la française que borde une rivière. Émerveillée, Marie s'avoue maintenant conquise. Au moins par la demeure…

Plus tard, durant son procès, on reprochera à cette jeune femme ses ambitions et sa cupidité, qui l'ont poussée à accepter d'épouser un homme qui la dégoûtait uniquement pour le train de vie qu'il lui promettait. C'est exact, mais il faut se souvenir qu'au XIXe siècle, les mariages représentent des engagements patrimoniaux beaucoup plus qu'amoureux. Toutes les camarades de pension de Marie ont fait comme elle.

De plus, Marie est influencée par sa famille, qui insiste lourdement sur les qualités morales… et financières de Charles. La jeune fille reste seulement étonnée par l'enthousiasme que ce gros provincial aux ongles noirs suscite chez sa tante. Elle ignore que son oncle, pour se débarrasser d'elle, a eu recours aux services d'une agence de rencontres. Et qu'il supporterait difficilement que cette dépense s'avère inutile.

Finalement, l'oncle peut se réjouir puisque, dès sa deuxième entrevue avec Charles, Marie se résigne à l'épouser. Elle l'annonce tristement à sa famille et apprend alors que sa tante avait, de toute façon, déjà fait publier les bans…

Juste avant le mariage, elle découvre qu'on lui a encore caché un « détail » : Charles est veuf d'une première union. Objectivement, ce n'est pas grave, mais cette cachotterie affecte la fiancée idéaliste, qui tenait à ce que son futur mari et elle découvrent ensemble l'amour. Elle serait encore plus déçue si elle savait que son futur mari n'avait convolé la première fois que pour rembourser ses dettes avec la dot de son épouse et qu'il avait ensuite maltraité cette dernière. Mais, pour empêcher Marie de rompre ces fiançailles, sa tante lui rappelle aigrement que le contrat de mariage a déjà été établi et signé.

Devant le maire, à l'instant de prononcer le « oui » sacramentel qui la lie définitivement à Charles, Marie fait de tels efforts pour retenir ses sanglots qu'elle manque de peu de faire un malaise. Elle s'enfuit tout de suite après, seule dans les rues de Paris. Charles ne la retient pas : il sait qu'elle est désormais son épouse « jusqu'à ce que la mort les sépare », selon la formule traditionnelle propre à inspirer tant de mauvaises pensées…

Les horreurs de l'amour

Dès que Marie rentre, le soir, Charles veut l'embrasser. Affolée, elle gagne du temps en lui rappelant qu'ils ne sont pas encore mariés devant Dieu ! Et elle insiste pour qu'ils s'échappent vers un bal, où elle danse avec ses amis plutôt qu'avec son mari. Toutefois, le répit obtenu dans l'attente du mariage religieux passe vite. Le lundi, Marie et Charles réitèrent leur engagement dans l'église des Petits-Pères[1]. Au sortir de la cérémonie, Charles embrasse goulûment sa femme, qui en est écœurée. Désormais, la vie conjugale de Marie va consister à repousser autant que possible les avances de cet homme bestial à qui elle est juridiquement liée.

Mais il est temps de partir vers le château du Glandier… Durant le trajet, Marie voit avec dégoût Charles sortir d'entre ses chemises sales un poulet rôti, qu'il mange avec les doigts. Dès leur première halte, dans une auberge d'Orléans, il cherche à rejoindre sa femme dans la salle de bains. Comme elle refuse de lui ouvrir, il insiste, sans percevoir qu'il agresse dans sa pudeur une jeune fille qui n'est pas encore son épouse charnellement… et qui est révulsée par la perspective de le devenir !

Le pire est qu'en arrivant au Glandier, Marie constate que le délicat manoir de l'aquarelle n'était qu'une tromperie ! En réalité, il s'agit d'une grosse maison délabrée, son toit laisse passer la pluie, l'intérieur est sale et les meubles ont été vendus… Marie comprend que son mari l'a épousée surtout pour profiter de sa dot et des relations de sa famille. Quant à la mère et à la sœur de Charles, elles l'accueillent avec toute la méfiance que peut susciter en province une « Parisienne ».

1. Il s'agit de Notre-Dame-des-Victoires, située dans le 2e arrondissement de Paris.

Le soir même, Marie écrit à son mari pour le supplier de la laisser repartir et, une fois encore, elle cède à son penchant pour le romanesque et use de mensonges invraisemblables pour le convaincre. Elle s'invente un autre amoureux, prénommé Charles lui aussi, qu'elle aurait stupidement refusé d'épouser. Ce soupirant-là se serait exilé à Smyrne (pourquoi Smyrne ? On ne l'expliquera jamais !) et elle souhaite le rejoindre, quitte à abandonner sa dot à son mari ! Sinon, elle menace de se tuer, et mentionne déjà l'arsenic comme échappatoire… Elle ajoute (et sur ce point, elle doit être enfin sincère) qu'elle ne supporte pas l'idée de lui appartenir physiquement depuis que sa tante lui a expliqué en quoi consistait le devoir conjugal.

Pour toute réponse, Charles, dont le tact n'est pas la qualité dominante, lui rappelle qu'elle est désormais sa femme et qu'il n'a pas les moyens de s'offrir une maîtresse ! Il défoncerait même la porte de sa chambre, si Marie ne le menaçait pas dans ce cas de se jeter par la fenêtre ! Leur dispute attire la mère Lafarge, qui calme sa bru en lui promettant de la laisser diriger la maison et en faisant jurer à Charles de ne pas faire valoir ses droits d'époux pendant deux jours, peut-être trois…

Au matin, Marie semble se résigner à ce mariage. Elle décide d'entreprendre la rénovation du Glandier et, d'ores et déjà, commande de l'arsenic pour décimer les rats qui infestent la maison… Bientôt, elle s'investit aussi dans la gestion de la forge familiale, veut en améliorer le rendement ainsi que la vie des ouvriers.

Maintenant, Charles paraît heureux. Au point qu'il rédige un testament par lequel il déshérite sa mère au profit de sa nouvelle épouse. Pour ne pas être en reste,

Marie fait de même au profit de Charles et confie le document à sa belle-mère. Et puisque Charles reste persuadé que le procédé qu'il a inventé pour couler le minerai de fer peut révolutionner la métallurgie et lui apporter la fortune, Marie entre dans son jeu et l'encourage à se rendre à Paris pour breveter son idée et chercher les capitaux nécessaires à son exploitation.

Charles s'en va le 19 novembre 1839. Auparavant, à l'insu de Marie, il a refait un autre testament, qui annule le précédent et lègue de nouveau tous ses biens à sa mère et à sa sœur.

Le veuvage, une liberté… très provisoire

Débarrassée de son époux, Marie adopte l'attitude d'une maîtresse de maison idéale, au point d'apprivoiser, provisoirement, même sa belle-mère. Le rapprochement des deux femmes dure jusqu'à ce que Marie découvre que la mère Lafarge a ouvert son testament… et l'a grossièrement modifié, de façon à faire croire que Marie aurait décidé de léguer tous ses biens à son mari ou, s'il mourait avant elle, à la famille de celui-ci !

Néanmoins Marie continue de jouer le jeu vis-à-vis de Charles. Elle joint aux lettres qu'elle lui adresse des mèches de ses cheveux et promet de lui envoyer un portrait d'elle. Elle va le faire réaliser par une artiste peintre locale, Anna Brun, qu'elle invite dans ce but au Glandier.

Elle ignore qu'à Paris, son mari voit péricliter toutes ses espérances. Il a beau rencontrer des hommes d'affaires à qui il décrit son invention et les gains de temps qui devraient en découler, il n'intéresse personne. Découragé, il demande à son contremaître de le rejoindre. Les deux hommes rédigent de fausses lettres de change qu'ils mettent en circulation pour se procurer de l'argent, en imitant pour cela la signature de M. de Violaine, l'époux de la sœur de Marie... Ce qui n'empêche nullement Charles de continuer à envoyer à sa femme de tendres lettres.

Il paraît d'ailleurs ému par une délicate initiative de Marie : elle a promis de lui envoyer des gâteaux corréziens et propose à son mari d'en manger, un soir, à minuit. Elle y goûtera en même temps, au Glandier, ce qui les reliera tous deux par le cœur, l'esprit... et l'estomac ! Ému par la naïveté de Marie, Charles joue le jeu. Dès qu'il reçoit d'elle une galette, il la mange à minuit... et tombe malade presque aussitôt. Toute la nuit, il grelotte et vomit. Son état empire au point qu'il doit abréger son séjour. Le 3 janvier 1840, il revient au Glandier et se couche.

Le médecin de famille ne voit là qu'une banale affection et lui prescrit un traitement anodin. Marie en profite pour lui demander de lui faire livrer par le pharmacien encore un peu d'arsenic : il y a tellement de rats au Glandier... Bizarrement, l'état de santé de Charles continue de se dégrader, bien que Marie le veille fidèlement. Comme le docteur avoue n'y rien comprendre, on appelle un de ses confrères, de Brive. Et Marie se fait apporter une troisième dose d'arsenic...

Elle ne remarque pas que l'inexplicable maladie de Charles suscite déjà des soupçons au sein de sa belle-famille. Un matin, sa belle-sœur propose un lait de poule à Charles, qui accepte à la condition que ce soit Marie qui le lui donne... Mais Mlle Brun, le peintre, affirme avoir vu Marie verser de la poudre blanche dans le breuvage. D'ailleurs, il en reste des traces blanchâtres dans le bol.

Les soupçons sont désormais trop graves pour qu'on laisse Marie seule avec son époux. La mère et la sœur de Charles, ainsi qu'Anna Brun, organisent des tours de garde. Et elles font porter le reste du lait de poule au pharmacien, qui l'analyse et conclut à la présence d'arsenic. Cela suffit pour qu'on interdise à Marie de s'approcher du malade. Sans que Charles soit sauvé pour autant : il décède le 14 janvier 1840, après seulement cinq mois de mariage. La dernière phrase qu'il entend est celle de sa mère : « Tu seras vengé, mon fils », tandis que le mari de la sœur de Charles écrit au procureur du roi pour dénoncer l'empoisonnement de son beau-frère.

Dès le lendemain, des scellés sont apposés au Glandier, puis arrivent un juge d'instruction et le procureur du roi. Une autopsie est ordonnée. Un médecin effectue des prélèvements dans la chambre du défunt, ce qui lui permet d'affirmer d'ores et déjà qu'il y avait bien de l'arsenic dans le lait de poule et l'eau sucrée. Marie est aussitôt inculpée. Avant d'être conduite à la prison de Brive, elle fait maladroitement passer un courrier au procureur général de Limoges pour lui demander d'intervenir et de lui épargner l'humiliation de l'incarcération, mais cette supplique ne recevra aucune réponse.

Déjà, l'affaire Lafarge commence à être commentée dans la presse. Le vicomte de Léautaud, l'époux de la meilleure amie de Marie, découvre l'affaire et en conclut que, si cette femme a empoisonné son époux, elle a aussi bien pu dérober la somptueuse parure qui avait mystérieusement disparu durant l'un de ses séjours chez lui. Il sollicite donc une perquisition au Glandier. Ce qui permet aux policiers de découvrir, dans une petite boîte anodine... les perles et les diamants !

Interrogée, Marie reste fidèle à elle-même et tente de se justifier par une cascade de mensonges. Elle commence par prétendre qu'il s'agit de joyaux qu'un oncle lui aurait donnés en grand secret puis, lorsque les diamants sont identifiés, elle se reprend et jure que c'est son amie Marie de Nicolaï qui avait voulu faire croire au vol de la parure pour lui donner les pierreries afin... qu'elle les revende ! Pourquoi ? Pour acheter le silence de son ancien amoureux, Félix Clavet, qui aurait été ulcéré de la rupture de Marie de Nicolaï au point d'avoir exercé un chantage pour se venger.

Évidemment, Marie de Nicolaï dément aussitôt, affirmant n'avoir jamais rien eu à cacher de sa relation tout à fait convenable avec cet ancien soupirant. Et pour mieux contrer les accusations de Marie Lafarge, elle rappelle fièrement qu'elle possède en propre une rente de 1 750 francs, et que ses parents lui versaient à l'époque la somme de 3 000 francs pour ses toilettes. Elle disposait donc de revenus très importants et aurait pu, en cas de nécessité, désintéresser un éventuel maître chanteur sans avoir besoin de vendre un bijou dont son mari connaissait l'existence...

On ne saura jamais avec certitude laquelle des deux femmes ment et, bizarrement, personne ne songe à aller interroger Félix Clavet. Mais, à cause de cette parure de diamants, Marie Lafarge doit être jugée pour vol. Pour la circonstance, Marie de Nicolaï vient à Brive afin de témoigner et se constituer partie civile. Les deux femmes se toisent à l'audience et continuent de s'accuser mutuellement, jusqu'à ce que Marie Lafarge renonce à comparaître et préfère être jugée par défaut. C'est l'occasion, pour tous ceux qui l'ont fréquentée dans leur jeunesse, de se venger en venant raconter combien de fois ils l'ont surprise en flagrant délit de mensonge ou de vol.

Le 15 juillet 1840, Marie est condamnée à deux ans d'emprisonnement. D'ores et déjà, ce verdict lui enlève toute crédibilité face à la cour d'assises devant laquelle elle va être traduite pour empoisonnement, deux mois plus tard.

Des deux experts, il faut choisir le moindre

Marie va être jugée à Tulle, ville où la famille Lafarge est honorablement connue. Avant même que ne soient ouverts les débats, plusieurs jurés se proclament convaincus de la culpabilité de la jeune veuve. Et l'avocat général rappelle, dans ses réquisitions, la récente condamnation de Marie pour vol, avant de mentionner ses origines aristocratiques et d'expliquer au jury qu'il serait inconvenant que celui-ci se montre plus indulgent envers elle qu'envers les femmes du peuple.

Plus sérieusement, on interroge Marie sur ses commandes répétées d'arsenic, qu'elle persiste à expliquer par son souci d'éliminer les rats du Glandier. Elle ajoute que ce qu'on l'a vue verser dans la nourriture de son mari n'était que de la gomme arabique. Mais peu importe, tout ce qu'elle raconte est contrebalancé par les témoignages de sa belle-mère et de l'artiste peintre Anna Brun. Quant à l'autopsie, elle a été bâclée par un médecin qui s'avoue lui-même inexpérimenté dans ce domaine. Les organes du défunt, qu'il a découpés de son mieux, ont été emportés dans des bocaux non étanches pour être analysés. Et le rapport final est contradictoire, car les experts disent avoir trouvé de l'arsenic dans le fond de lait de poule et dans l'eau sucrée qui restait dans la chambre, mais non dans l'estomac du défunt. Néanmoins, ils concluent qu'il devait y en avoir…

Dans l'espoir d'obtenir un résultat plus précis, on décide d'utiliser « l'appareil de Marsh » : une sorte d'alambic inventé en 1836 par James Marsh, destiné à détecter si les fragments du corps qu'on lui soumet ont absorbé de l'arsenic. Mais les résultats s'avèrent eux aussi contradictoires. L'un des experts, le docteur Massenat, ne supportant pas de voir son analyse contestée, indique avoir trouvé un excès d'arsenic dans le corps de Charles Lafarge et, pour se montrer plus convaincant, ajoute avoir sollicité l'avis du célèbre scientifique Mathieu Orfila, qui l'aurait approuvé. Il ne se doute pas que ce procès est suffisamment médiatique pour que ledit Orfila s'y intéresse et riposte par un courrier dans lequel il affirme n'avoir jamais eu le moindre échange avec ce médecin…

Pour démontrer de façon incontestable la culpabilité de Marie Lafarge, l'avocat général désigne deux nouveaux experts, qui refont les analyses de leur mieux… à partir d'organes mal conservés et même pas toujours identifiables, faute d'étiquetage ! Ils sont néanmoins catégoriques : le corps de Lafarge ne contient pas d'arsenic. Marie est soulagée au point de perdre connaissance, mais l'avocat général ne renonce pas si vite : il désigne encore d'autres experts ! Et comme ceux-ci ne trouvent toujours pas de traces d'arsenic, il se résout à faire appel à une sommité de la toxicologie, doyen de la faculté de médecine : Mathieu Orfila en personne !

L'homme est assez prestigieux pour que son avis prime sur tous les résultats précédents. L'avocat général prévoit qu'il conclura à la culpabilité de Marie Lafarge puisqu'il promeut l'utilisation de l'appareil de Marsh qui, selon lui, permet de déceler sans contestation s'il y a ou non eu empoisonnement. Et ce, en opposition avec François-Vincent Raspail, autre savant qui considère que cet appareil laisse une marge d'erreur non négligeable.

En deux jours, Orfila rend son verdict : il n'a trouvé qu'une infime proportion d'arsenic dans le corps de Lafarge, mais il en a trouvé, et il affirme que cela ne peut provenir ni de la terre du cimetière ni du bois du cercueil. Lafarge aurait donc bien été empoisonné.

Marie s'évanouit de nouveau en comprenant qu'elle va être condamnée. Puis, réflexion faite, elle décide d'appeler à son secours le seul homme capable de s'opposer scientifiquement à Orfila : Raspail. Elle lui écrit aussitôt une lettre aussi pathétique que possible, dans laquelle elle le flatte délicatement, puis elle supplie l'un de ses amis de porter ce message séance tenante à ce savant qui est le rival d'Orfila et qui ne manque aucune occasion de s'opposer à lui. L'ami galope ventre à terre vers Paris, se précipite au domicile de Raspail. Ce dernier juge aberrantes les conclusions d'Orfila et accepte de partir en pleine nuit pour prendre la défense de Marie Lafarge devant le jury d'assises… mais, lorsqu'il arrive à Tulle, le délibéré vient d'être rendu !

Condamnation et grâce

Le 19 septembre 1840, le jury de la cour d'assises de Corrèze a suivi les conclusions d'Orfila, et condamné Marie Lafarge aux travaux forcés à perpétuité. Désespérée, elle jure de se laisser mourir.

L'avocat de Marie interjette un pourvoi en cassation. Là, Raspail se montre utile, car il rédige un dossier dans lequel il explique que l'arsenic détecté après l'autopsie de Charles ne pouvait pas provenir des restes du défunt. Selon lui, deux des analyses réalisées par Orfila à l'aide d'acide nitrique ont révélé des taches qui avaient seulement l'apparence de l'arsenic. Et la troisième en a incontestablement fait apparaître, mais Raspail accuse Orfila d'avoir faussé le test.

Orfila lui répond avec mépris par l'intermédiaire de la presse, disant regretter que Raspail pousse l'hostilité jusqu'à attaquer ses résultats scientifiques, mais il n'explicite pas la façon dont il serait parvenu à ses conclusions.

La Cour de cassation rejette le pourvoi. L'avocat de Marie tente encore un recours en grâce auprès du roi, qui maintient la peine pour ne pas être soupçonné de protéger cette femme juste parce qu'elle serait de sang royal. Tout au plus dispense-t-il Marie de l'exposition publique, et encore cette (faible) clémence exaspère-t-elle le procureur général de Limoges, qui considère que cette faveur nuit au principe d'égalité des peines.

Le 1er juin 1852, c'est le futur Napoléon III, alors président de la République, qui finalement fait bénéficier Marie d'une grâce. Tardive, car Marie est tuberculeuse. Elle part s'installer à la station thermale d'Ussat où elle finit de s'éteindre, le 7 septembre 1852.

Marie Lafarge a-t-elle empoisonné son mari ?

Marie Lafarge a toujours clamé son innocence, même après avoir été graciée, mais il est vrai qu'elle mentait si facilement... De plus, elle avait de multiples raisons de vouloir échapper à ce mari qui la révulsait, et elle commandait régulièrement de l'arsenic sous prétexte de se débarrasser des rats. Enfin, Charles Lafarge est tombé subitement malade après avoir mangé le gâteau qu'elle avait préparé pour lui.

Oui, mais dans ce gâteau avaient été incorporés du lait et des œufs : produits qui ont pu s'altérer durant le long transport et causer une intoxication alimentaire, aussi banale que mortelle. D'autant qu'on ignorait encore tout de la pasteurisation. D'ailleurs, les symptômes manifestés par Charles Lafarge correspondent exactement à ceux causés par la typhoïde, maladie qui se transmet par l'eau ou les aliments et qu'on ne savait pas soigner au XIXe siècle.

Qu'elle ait été coupable ou non, Marie Lafarge aurait dû être acquittée au bénéfice du doute. Elle n'a été condamnée qu'en raison des motifs qu'elle aurait eus d'empoisonner son mari.

Marie promue au rang d'héroïne romanesque

Par une étrange facétie du destin, Marie, qui désirait tellement que sa vie ressemble à un roman, a servi de modèle pour des personnages de la littérature. En effet, Gustave Flaubert s'est inspiré d'elle, et surtout de ses rêves, pour façonner son héroïne la plus célèbre : Madame Bovary, une femme trop romanesque pour accepter l'existence monotone que lui offre son mari, prénommé Charles, lui aussi… D'ailleurs, lorsqu'elle a perdu tout espoir, Madame Bovary ne trouve d'issue que dans l'arsenic, même si, à la différence de Marie Lafarge, elle ne s'en sert pas pour empoisonner son mari mais pour se suicider.

Le personnage d'Anna Karénine, de Tolstoï, emprunte lui aussi beaucoup de traits de caractère à Marie Lafarge.

Enfin, de manière plus anecdotique, Gaston Leroux, auteur de romans-feuilletons populaires, a donné en 1907 le nom de « château du Glandier » au domaine sur lequel son héros, Rouletabille, est appelé à vivre sa première aventure policière, *Le Mystère de la chambre jaune*. L'intrigue du livre n'a rien à voir avec l'affaire Lafarge, mais le nom du château n'a pas pu être choisi par hasard, d'autant que Gaston Leroux avait été chroniqueur judiciaire avant de devenir romancier…

Adèle Landoy,
dite « Sido »

(1835-1912)

Toutes les empoisonneuses n'ont pas la chance de voir leur vie magnifiée par leur fille devenue un écrivain prestigieux. C'est le privilège d'Adèle Landoy, devenue célèbre sous le surnom de « Sido » grâce aux livres dans lesquels sa fille, la romancière Colette, lui a rendu hommage.

Elle y apparaît comme une campagnarde simple mais non simpliste, heureuse de vivre en parfaite harmonie avec la nature et toujours prête à ouvrir sa porte « aux chats errants, aux chemineaux et aux servantes enceintes », en ignorant délibérément les préjugés et commérages qui circulaient dans le village bourguignon où elle vivait et qu'elle aimait, mais dont elle demeurait indépendante. Elle possédait assez de compréhension et d'humour pour ne pas se poser en exemple lorsque sa fille lui demandait un conseil, voire pour répondre : « Ce que je ferais à ta place ? Une bêtise, sûrement. La preuve, c'est que j'ai épousé ton père. »

Sido racontée par sa fille, la romancière Colette

D'ailleurs, elle était assez libre d'esprit pour accepter sans sourciller l'existence « ingénument libertine » que mena sa fille cadette avant de devenir une romancière respectée.

Colette a évoqué sa mère pour la première fois dans *La Maison de Claudine*, dont le titre rappelle la série malicieuse et coquine par laquelle elle est entrée en littérature et qui l'a rendue célèbre : *Claudine à l'école*, *Claudine à Paris*, *Claudine en ménage* et, accessoirement, *Claudine s'en va*. Bien sûr, comme tous les premiers romans, ces livres étaient largement (et inconsciemment) autobiographiques. Le village de Montigny, où avait grandi la jeune Claudine, ressemblait à Saint-Sauveur-en-Puisaye et les personnages qui l'entouraient rappelaient ceux qui avaient influencé Colette... Néanmoins, la romancière s'était toujours défendue d'être Claudine, au point de l'expliciter dans un dialogue virtuel entre elle et ce personnage qui lui ressemblait cependant. On peut donc être surpris que, vingt ans après la parution de *Claudine à l'école*, elle réutilise le prénom de son héroïne pour raconter sa propre enfance dans *La Maison de Claudine*.

Mais surtout, ces retrouvailles avec l'héroïne qui a décidé de sa carrière littéraire recèlent une contradiction flagrante. Car dans la série consacrée à Claudine, l'héroïne vit seule avec son père, un naturaliste qui consacre tout son temps et son attention à l'étude des limaces. Claudine a perdu sa mère à une date tellement indéterminée qu'elle n'y fait jamais la moindre allusion. Et c'est en 1922, dix ans après la mort de Sido, survenue le 25 septembre 1912, que Colette revisite ses souvenirs d'enfance à travers la présence obsédante de sa mère :

une mère tranquillement non-conformiste, cultivant le bonheur et essayant de l'inculquer à ses enfants, parfois légèrement amorale, juste assez pour faire réfléchir ou amuser. Bref, une mère que la plupart des lecteurs auraient aimé avoir.

C'est cette image qui reste de Sido. Parce qu'on a oublié que Colette n'était ni biographe ni historienne, mais romancière. Le personnage de sa mère est ainsi sublimé, issu de son imagination beaucoup plus que de ses souvenirs d'enfance. Un seul exemple suffira à le démontrer : dans *La Naissance du jour*, Colette raconte que son second mari avait proposé à Sido de venir passer quelques jours chez eux, et que Sido avait élégamment refusé l'invitation en expliquant que son cactus rose était sur le point de fleurir et qu'elle tenait à assister à ce miracle de la nature, qui ne survenait qu'une fois tous les quatre ans. D'autant qu'en raison de son âge, elle pouvait craindre de n'avoir pas le temps de voir une autre fois une si belle floraison. Cette lettre délicatement poétique a ravi des générations de lecteurs… à juste titre ! Certes, mais dans la réalité, Sido a accepté l'invitation de son gendre avec d'autant plus d'enthousiasme qu'elle souffrait de voir trop rarement ses enfants en général, et la romancière en particulier.

Sido écrivait souvent à sa fille pour la tenir informée de sa vie quotidienne et l'interroger sur ce qu'elle faisait à Paris ; or Colette, accaparée par sa carrière et sa vie mondaine, négligeait de lui répondre. Et en 1912, alors que Sido se sentait affaiblie par l'âge et la maladie, sa fille n'a pas fait l'effort de lui rendre visite plus souvent, et elle n'est même pas venue assister à son enterrement. Elle s'en est justifiée en prétendant que c'était conforme aux règles de vie de sa mère, mais on en doute lorsqu'on lit les lettres de son frère Achille, indigné par ce qu'il a considéré comme de l'indifférence. Achille était tellement choqué qu'il a commis un autodafé impardonnable pour tout amateur de littérature : dans une bouffée de colère, il a détruit l'intégralité des lettres que Colette avait écrites à sa mère. Peut-être n'y en avait-il guère, mais elles auraient eu d'autant plus d'intérêt !

Bref, il ne faut pas se fier à Colette pour comprendre la vie de Sido, qu'elle a davantage imaginée que racontée, peut-être pour mieux se définir elle-même : « Je suis la fille d'une femme qui, vingt fois désespérée de manquer d'argent pour autrui, courut sous la neige fouettée de vent crier de porte en porte, chez des riches, qu'un enfant près d'un âtre indigent venait de naître sans langes, nu sur de défaillantes mains nues. »

D'ailleurs, la romancière était si peu soucieuse de vérité historique que, même si elle rappelle souvent que sa mère avait eu deux maris comme elle-même[1], elle n'a jamais raconté que cette charmante et délicate maman avait discrètement empoisonné son premier époux…

Sido, évoquée par Jean-Paul Sartre

On peut considérer que Sido a commis un crime parfait puisqu'elle n'a jamais été pénalement poursuivie, ni condamnée. Elle n'a subi que la réprobation de son voisinage qui, même après sa mort, continuait d'évoquer cette affaire à voix basse, au point que Jean-Paul Sartre en a entendu parler, au cours d'une escapade que

1. Plus tard, la romancière s'est remariée une troisième fois, avec Maurice Goudeket.

le philosophe s'est octroyée à Saint-Sauveur-en-Puisaye au mois de juillet 1939. Sartre était parti passer quelques jours à Gien chez sa mère et son beau-père mais, dès son arrivée, il a été très contrarié de constater que, comme dans les mauvais films d'espionnage, sa valise avait été intervertie avec celle, à peu près identique, d'une passagère du même train. En attendant de pouvoir la récupérer, il se retrouvait bloqué chez des parents avec qui il s'ennuyait d'autant plus qu'il se trouvait dépouillé des livres qu'il avait prévu d'étudier sur place.

Il a donc tenté de se distraire en allant passer une journée à Saint-Sauveur. Là, il est allé voir « la maison de Madame Colette », qu'il décrit à son éternelle complice, Simone de Beauvoir, avant d'ajouter que la commune fourmille d'anecdotes sur la romancière qui est l'unique célébrité originaire de Saint-Sauveur – village doté en 1939 d'une population de mille trois cents habitants. Et il ajoute : « Saviez-vous que Sido, la fameuse mère de Colette, a tout bonnement empoisonné son mari pour épouser M. Colette, un beau casse-cœur des environs ? Voici le fait : le mari aimait boire, mais boire lui était défendu, parce qu'il avait une cirrhose. M. Colette survint et à partir de ce jour, le mari de Sido trouva à sa portée, placés partout par des mains pieuses, des flacons d'eau-de-vie, de marc, des bouteilles de bon bourgogne, des verres d'absinthe. Il mourut dans le bonheur et Sido épousa M. Colette[1]. »

Ce résumé joyeusement amoral s'avère très indulgent pour Sido, qui ne s'est pas contentée de laisser

1. Jean-Paul Sartre, *Lettres au Castor et à quelques autres, 1926-1939* (juillet 1939), Gallimard, 1983, p. 227.

s'enivrer son mari mais qui a utilisé son alcoolisme pour justifier une mort assez rapide, survenue de façon particulièrement opportune…

La véritable enfance de Sido

Adèle Eugénie Sidonie Landoy, dite Sido, est née le 12 août 1835. À Paris, puisque c'était là que son père était venu se cacher, après avoir déjà déménagé plusieurs fois pour échapper à ses créanciers. Ce père, Henri Landoy, était originaire de Charleville et avait exercé dans sa cité natale une activité de négociant avant de devenir, fortune défaite, commis voyageur au Havre. Il s'était marié avec Sophie Chatenay, fille d'un maître horloger, et avait eu avant Sido six enfants, dont trois avaient survécu.

Malheureusement pour la petite Sido, sa mère meurt deux mois après sa naissance, le 2 octobre 1835. Son père essaie de faire preuve de bonne volonté en s'occupant de ses enfants mais, bientôt, le naturel reprenant le dessus, il fuit ses nouveaux créanciers parisiens et part en Belgique. Il emmène ses deux fils aînés mais préfère placer ses filles en nourrice. Et comme, à cette époque, les nourrices bourguignonnes étaient réputées, il confie Sido aux bons soins d'une dame de Mézilles, qui l'élève avec son propre fils.

En Belgique, Henri Landoy se place – pardon : il se remarie – avec une veuve fortunée, propriétaire d'une fabrique de chocolat, ce qui lui permet de retrouver une certaine aisance. À peine cinq ans plus tard, son épouse le quitte, en ayant toutefois l'élégance de lui laisser leur domicile conjugal, qui n'appartenait pourtant qu'à elle. Henri Landoy en profite pour faire venir ses filles auprès de lui, sans se préoccuper du traumatisme qu'un tel bouleversement peut générer chez des enfants. Sido a alors à peine huit ans, elle est effrayée de perdre sa nourrice et tous ses premiers repères. D'autant que son père ne sait évidemment pas faire prospérer le patrimoine que lui a abandonné son épouse, et que la chocolaterie finit saisie par les huissiers, dès 1844.

Comme d'habitude, le père Landoy s'enfuit pour échapper à ses créanciers, laissant Sido sous la protection de son frère aîné, Eugène, installé à Bruxelles, qui s'improvise éditeur et journaliste. Très vite, celui-ci acquiert une certaine notoriété. Ses articles paraissent dans des magazines prestigieux, il correspond avec des écrivains prometteurs et fréquente des peintres déjà célèbres, qu'il présente à Sido. C'est grâce à lui qu'elle se cultive et ouvre les yeux sur les mondes de l'art. Tous deux sont assez proches pour qu'il lui confie sans tabou son appartenance à la franc-maçonnerie, et qu'il lui présente ses « frères », avec une aisance rare à cette époque où les « fils de la lumière » se trouvent en opposition avec le clergé et sont la cible des pires rumeurs.

C'est probablement grâce à l'influence éclairée de ce frère non conformiste que Sido portera toute sa vie un regard dépourvu de tout préjugé sur le monde en général… et sur l'existence de ses enfants en particulier ! Jamais elle ne se montrera indignée par les soubresauts sentimentaux ou professionnels que vivra sa fille cadette : celle-ci, avant de devenir une romancière internationalement lue et admirée, a tout de même divorcé deux fois (ce qui suffisait à faire scandale en ce début de XXe siècle), participé à des spectacles de pantomime fort déshabillés pour l'époque et assumé au grand jour diverses liaisons, la plupart du temps avec des hommes, parfois avec des femmes. Pour autant, on ne lit jamais dans les lettres de Sido de désapprobation ni d'indignation. Tout au plus de l'inquiétude.

Mais pour l'heure, Sido est âgée d'à peine vingt et un ans et, bien qu'à cette époque les jeunes filles de cet âge soient souvent mariées ou tout au moins fiancées, elle n'a encore ni époux ni enfants. Et elle n'est même pas courtisée par les nombreux amis d'Eugène.

Une issue se présente enfin, grâce à son ancienne nourrice qui l'invite à venir passer quelques jours en Bourgogne. Sido y rencontre Mme Lacour, une dame patronnesse à la vocation de « marieuse ». Mme Lacour apprécie la conversation et la culture brillante de Sido, elle sait bien que la jeune fille n'a ni fortune ni dot, ni espoir de percevoir quelque héritage, mais, justement, elle en déduit que Sido pourrait convenir à Jules Robineau[1].

Des noces d'argent

Du point de vue de toute marieuse, en effet, Sido et Jules Robineau sont assez complémentaires pour pouvoir former un couple stable, sinon heureux. Sido est petite mais assez jolie et cultivée, et sa fraîcheur malicieuse peut faire oublier son absence de fortune. Jules Robineau descend d'une famille de notables, pour la plupart juristes ou médecins. Il en a hérité un patrimoine familial important : des forêts, plusieurs fermes, des troupeaux et surtout un vignoble. Enfin, il habite

1. Son nom complet est Claude Jules Robineau-Duclos mais on l'appelle familièrement « Jules ».

une maison cossue dans le centre de Saint-Sauveur-en-Puisaye, et il déplore d'être passé du statut de célibataire à celui de vieux garçon.

On peut donc considérer que tous les deux ne trouveront que des avantages à se marier, même si Jules Robineau, né le 9 février 1814, a quarante-deux ans, c'est-à-dire le double de l'âge de Sido. À moins que l'on ne se demande pourquoi un aussi bon parti que Jules Robineau n'a reçu que des refus embarrassés à ses quelques demandes en mariage…

La réponse est que ce prétendant est extrêmement disgracié par la nature, au point d'être surnommé « le singe » dans son village de Saint-Sauveur-en-Puisaye. Et il possède la particularité de n'avoir jamais perdu ses dents de lait, de sorte que ses mâchoires montrent une double rangée de dents. Enfin, il est bègue, alcoolique et brutal dans ses (quotidiens) moments d'ébriété. Sa dernière maîtresse a subi ses menaces et ses violences avant de le quitter.

Il se montre tellement irresponsable que sa sœur et son beau-frère l'ont fait convoquer chez le juge de paix pour qu'il soit placé sous tutelle. Officiellement, cette procédure était destinée à protéger Jules Robineau en l'empêchant de dilapider la majeure partie de son patrimoine en alcools. Mais il est possible que sa sœur ait surtout pensé à sauvegarder sa fortune… dans l'espoir d'en hériter un jour ! C'est du moins ce qu'ont compris les cousins de Jules Robineau, qui ont choisi de s'attirer ses faveurs en lui évitant ce placement sous tutelle : dans ce but, ils ont utilisé leurs relations et fait auditionner par le juge des tutelles d'Auxerre plusieurs notables (dont certains ne connaissaient même pas l'intéressé !), afin de contrebalancer les témoignages des domestiques et voisins de Jules Robineau qui, eux, décrivaient impitoyablement son alcoolisme et tous les symptômes qui en résultaient : hallucinations, irascibilité, violence...

Bref, la mise sous tutelle a été évitée de justesse, mais les cousins sont conscients que le juge a été alerté et qu'il pourra se saisir d'office du dossier (comme le permettait la loi à cette époque, ce qui n'est plus le cas aujourd'hui) au premier écart de conduite de Jules. Aussi cherchent-ils un moyen de calmer ce parent terrible, de lui imposer un comportement ou, tout au moins, une apparence plus respectable. Et, pour y parvenir, ils n'entrevoient pas d'autre issue que le mariage.

Ils ont bien essayé de lui trouver une épouse autour de Saint-Sauveur, mais leurs demandes en mariage se sont heurtées à un refus aussi rapide que définitif, en dépit du patrimoine du prétendant que l'on devait faire miroiter... Les cousins sont donc sur le point de renoncer à marier Jules, lorsque Mme Lacour leur présente la jeune Sido. Ils apprécient probablement son charme espiègle, sa bonne éducation, sa culture. Et, plus encore, sa pauvreté, qui l'incitera à se réjouir d'une union avec Jules... d'autant qu'elle ne l'a encore jamais vu et qu'elle ne connaît pas sa réputation, puisqu'elle arrive de Belgique.

Bref, la famille se concerte et se rend au plus vite à Bruxelles pour demander la main de la jeune fille à ses deux frères aînés. Afin de les convaincre, elle insiste sur le patrimoine dont Jules est l'héritier. Eugène pousse Sido à accepter une union qui lui paraît financièrement inespérée. Pour la décider, il parvient à faire ajouter dans le contrat de mariage une clause stipulant que, dès que mourra l'un des deux époux, son survivant héritera de l'usufruit de tous les biens du défunt.

Avec une telle promesse, Sido elle-même ne tente plus de s'opposer à cette union, bien que Jules l'ait rejointe à Bruxelles et qu'elle ait pu constater son addiction à l'absinthe. Peut-être espère-t-elle que son futur mari changera d'attitude après les noces. À moins qu'elle n'ait apprécié la fortune qu'on lui a laissé entrevoir, et qui pourrait lui faire oublier les années de misère et d'inquiétude vécues dans l'ombre de son père ou la charité de son frère. De toute façon, avec l'alcoolisme de Jules, on peut d'ores et déjà présumer que son espérance de vie ne sera pas très longue…

Colette raconte, dans *La Maison de Claudine*, la première rencontre de sa mère avec cet époux qu'elle appelle « le sauvage », comme s'il lui répugnait de mentionner son vrai nom : « Ce fils de gentilshommes verriers possédait des fermes, des bois, une belle maison à perron et jardin, de l'argent comptant… Effarée, muette, Sido écoutait. […] Mais une jeune fille sans fortune et sans métier, qui vit à la charge de ses frères, n'a qu'à se taire, à accepter sa chance et à remercier Dieu. »

Bref, le 7 janvier 1857, Sido et « le sauvage » paraphent leur contrat de mariage. Et huit jours plus tard, ils se marient. On peut dire qu'il s'agit de « noces d'argent », bien que cette expression soit légèrement inappropriée puisque Sido espère déjà ne pas devoir rester mariée vingt-cinq ans avec un tel homme…

Les charmes d'un percepteur

Sido n'envisage pas pour autant de quitter un jour ce mari opportun. Pour elle qui a grandi dans la pauvreté et la peur des créanciers, Jules Robineau personnalise la sécurité et l'aisance financière. Afin d'hériter de lui sans (trop) tarder, elle s'impose de prendre patience. Et elle y parvient, avec une bonne volonté d'autant plus louable qu'elle a quitté l'entourage artistique que lui offrait son frère pour s'installer à Saint-Sauveur-en-Puisaye, c'est-à-dire dans une région où elle avait été heureuse auprès de sa nourrice mais qu'elle observe désormais différemment, en déplorant la mentalité austère et rigoriste des villageois.

Pour tenir le coup, elle commence par exiger de son mari un minimum de respect. La première fois qu'il la brutalise, comme il en avait le droit selon le Code civil de l'époque, elle riposte tout aussi violemment, en lui jetant à la tête tout ce qui lui tombe sous la main. Elle le raconte elle-même, sans honte ni fierté : Jules en a gardé une cicatrice et une certaine appréhension à battre sa femme.

Bientôt, Sido découvre aussi les joies (et les nausées !) de la grossesse. Et elle donne à la dynastie Robineau une première héritière : Héloïse Émelie Juliette Robineau-Duclos. Celle qu'en famille on appellera « Juliette », et que les lecteurs de Colette connaissent sous le surnom maintes fois répété de « sœur aux longs cheveux ».

Avec Juliette, Sido n'est pas la mère protectrice et inquiète, voire étouffante, qu'elle deviendra pour ses autres enfants. Au contraire. Elle reporte sur cette enfant toute la rancœur que lui inspire secrètement son mari. Elle lui reproche d'être laide autant que son père et lui prédit un sombre avenir. La suite a montré qu'elle avait raison, mais Juliette aurait sans doute pu mener une vie plus heureuse si elle n'avait pas grandi sous les malédictions maternelles.

Bref, prisonnière de son mari et de sa fille, Sido s'ennuie... jusqu'à ce que, en 1860, arrive le capitaine Colette, affecté à Saint-Sauveur-en-Puisaye en qualité de percepteur. Lui aussi se prénomme Jules, comme Robineau, ce qui, déjà, devrait éviter à Sido de s'embrouiller dans les prénoms ! Et puis, le capitaine n'a que six ans de plus qu'elle. Certes, il est amputé de la jambe gauche, mais ce handicap ne fait que rappeler le caractère glorieux de son passé militaire, dont il joue avec une faconde toute méditerranéenne.

Cet homme-là a fait ses études à Saint-Cyr, avant d'intégrer le premier régiment de zouaves en qualité de capitaine. Il raconte volontiers ses souvenirs de batailles, en Kabylie, en Turquie et en Afrique de l'Ouest. Après plusieurs victoires et coups d'éclat, il était triomphalement allé participer à la seconde guerre d'indépendance italienne, mais là, à la bataille de Melegnano, le 8 juin 1859, il a eu la jambe fracassée par un boulet lancé par les troupes autrichiennes du général Roden. Sa carrière s'est ainsi achevée... aussi glorieusement que prématurément ! En guise de compensation, l'État français lui a octroyé le grade de percepteur et lui verse une pension. Le capitaine le raconte désormais dans Saint-Sauveur avec un mélange de nostalgie et d'humour noir propre à faire rêver les femmes qui s'ennuient...

Justement, Sido s'ennuie. Et elle rêve de plus en plus... Nuit et jour ! Son mari reste bientôt le seul à l'ignorer, ou du moins à ne pas s'en soucier. Car, dans une petite ville comme Saint-Sauveur, la rumeur circule très vite : le percepteur entretiendrait une liaison avec Mme Robineau ! Au début, cela ne suscite guère de réprobation. On connaît l'ivrognerie et la brutalité de Jules Robineau, et on peut admettre que son épouse soit tentée de chercher quelque consolation auprès d'un héros célibataire. Tout de même, M. Crançon, le juge de paix, estime nécessaire de faire son devoir tel qu'on le concevait sous le Second Empire, en dénonçant au procureur impérial l'inconduite notoire de Mme Adèle Robineau…

À cette époque, l'adultère est encore un délit pénal, passible d'emprisonnement pour les femmes. Sido pourrait donc comparaître devant le tribunal d'Auxerre pour y être jugée et condamnée, mais le procureur néglige de la poursuivre. Néanmoins, le scandale s'accroît en 1863 lorsque chacun, dans Saint-Sauveur, peut remarquer que Sido attend un deuxième enfant. Les tests ADN n'existent évidemment pas encore, mais les commérages y suppléent amplement. Et dès que Sido accouche d'un garçon, Achille, la rumeur en attribue la paternité au capitaine Colette, d'autant que celui-ci joue beaucoup avec l'enfant alors qu'il ignore la petite Juliette…

Indifférente en apparence au scandale qu'elle suscite, Sido déclare l'enfant sous le nom de Robineau et continue de fréquenter le percepteur… Au point d'être bientôt enceinte de nouveau, ce qui transparaît dès l'automne 1864. La sœur et le beau-frère de son mari ne peuvent l'ignorer. Ils ont toléré la naissance d'Achille au bénéfice du doute mais, désormais, ils estiment que Sido exagère ! Et ils décident d'en profiter pour faire placer Jules Robineau sous tutelle, en insistant sur l'inconduite de sa femme. Sans doute la sœur de Jules espère-t-elle parvenir ainsi à sauvegarder le patrimoine familial, surtout si son mari est désigné comme tuteur, ce qui lui permettrait de limiter les dépenses de son ivrogne de frère, de son épouse… et de leur percepteur !

Du moins Sido interprète-t-elle ainsi leur démarche. En ces années 1860, toute femme mariée se trouvait fatalement placée sous l'autorité de son mari. Elle le savait avant son mariage et s'y était résignée, mais elle refuse de devoir justifier de toutes ses dépenses face à un membre de sa belle-famille qu'elle peut, par avance, présumer hostile.

Le 30 janvier 1865, Jules Robineau connaît donc une mort aussi imprévisible que foudroyante. Il n'a que cinquante et un ans, et le médecin qui le suit occasionnellement est le premier surpris d'apprendre sa mort ! D'autant que ce n'est pas lui qui signe le certificat de décès. Pour cette formalité obligatoire, Sido a fait appel à un ami de son frère Eugène, qui était venu séjourner à Saint-Sauveur… par hasard, et qui atteste que M. Robineau est décédé de mort naturelle.

M. Crançon, le juge de paix, écrit de nouveau au procureur impérial pour l'informer qu'il soupçonne Mme Robineau d'avoir empoisonné son mari. Sido est convoquée à la gendarmerie ; elle y rappelle que feu son mari était alcoolique et le dossier est classé sans suite.

Peu après, elle perd l'enfant qu'elle attendait. Elle dit avoir fait une fausse couche, tandis que le juge de paix présume qu'elle a avorté secrètement. Peu importe, tout rentre dans l'ordre puisque, dès le 20 décembre 1865, la veuve scandaleuse acquiert une nouvelle respectabilité en se remariant avec le capitaine Colette et en formant désormais avec lui un couple tendrement fusionnel, dont la vie sera ponctuée par la naissance de deux autres enfants, légitimes, ceux-là : un fils, Léopold, né au mois d'octobre 1866, et une fille qui deviendra l'une des plus célèbres romancières françaises sous le seul nom de famille de ses parents.

Le capitaine Colette aime sincèrement son épouse. Il lui offre, par son statut de militaire et sa profession de percepteur, une notabilité qu'elle n'espérait plus. Et il est de tempérament rêveur et velléitaire, ce qui permet à Sido de s'épanouir en régentant le foyer et en gardant le sentiment de protéger son percepteur de mari. Bref, tous deux se conviennent mutuellement, et ils resteront toujours indissolublement unis devant les épreuves qu'ils auront à traverser.

La première est causée par une ambition aussi soudaine qu'utopique du capitaine, qui décide de se présenter aux élections du conseil général de l'Yonne. Convaincu par avance d'être élu, même s'il n'a jamais fait de politique, il démissionne de son emploi de percepteur pour pouvoir se consacrer pleinement à son futur mandat, susceptible de lui servir de tremplin. Oui, mais il est battu !

Sido ne lui adresse aucun reproche et ne lui en veut même pas. Tandis que lui, n'ayant plus d'emploi, décide pour s'occuper de faire fructifier le patrimoine qu'a laissé feu Robineau, un patrimoine dont Sido ne dispose que de l'usufruit. Le résultat de cette gestion apparaît quelques années plus tard, lorsque Juliette Robineau, la fille aînée de Sido, se marie et demande à sa mère la part de l'héritage de son père qui doit lui revenir. Le capitaine est alors bien forcé d'avouer qu'il est dans l'incapacité de verser à Juliette son dû, parce qu'il a dilapidé son capital, tantôt en effectuant des placements aussi prometteurs qu'illusoires, tantôt en faisant des achats pour sa femme.

Lorsqu'elle découvre l'effritement de la fortune paternelle, Juliette se fâche. Mais Sido reste solidaire de son mari et refuse de comprendre sa fille, qui est dès lors présentée comme une ingrate. À aucun moment, Sido ne fait l'effort d'admettre que Juliette a d'excellentes raisons d'en vouloir au capitaine.

Celui-ci meurt le 17 septembre 1905. Et c'est alors que ses autres enfants découvrent une ultime facette de son tempérament velléitaire. Durant ses dernières années, le capitaine occupait son temps à écrire des livres. On pouvait en admirer une douzaine dans la bibliothèque, tous élégamment reliés de toile noire avec des titres en caractères gothiques, encore plus austères qu'intellectuels : *Mes campagnes*, *L'Algèbre élégante*, *Le Maréchal de Mac Mahon vu par un de ses compagnons d'armes*, etc. Il était convenu, dans la famille, que personne ne devrait lire ces ouvrages du vivant du capitaine. Mais après son décès, son fils Achille entreprend de débarrasser la bibliothèque et il découvre, à cette occasion, que chacun de ces livres comportait environ deux cents pages de beau papier vergé crémeux... Hélas, toutes ces pages étaient restées blanches !

Le crime et ses conséquences

Sido n'a jamais été poursuivie pour l'empoisonnement de son mari. Son crime n'a été rapporté que par la rumeur, et l'on pourrait éventuellement en conclure qu'après tout, ces commérages ne traduisent qu'une malveillance sans fondement.

Mais on doit tout de même constater que la mort de Jules Robineau est survenue très opportunément, au moment où Sido se trouvait de nouveau enceinte d'un autre homme, où sa belle-famille allait faire une deuxième tentative pour placer sous tutelle le mari gênant et, enfin, juste quand un médecin ami de son frère était venu faire une halte à Saint-Sauveur.

Ce décès permettait à Sido de jouir de l'intégralité de l'usufruit du patrimoine de son mari. Et, surtout, l'indice qui confirme la culpabilité de Sido est l'attitude qu'elle a toujours gardée à l'égard de sa fille aînée, Juliette, la « sœur aux longs cheveux » de la romancière, qu'elle a élevée de façon lointaine, en la méprisant et en déplorant sans cesse sa ressemblance avec son père – ressemblance qui avait pris pour Sido la force d'un remords.

Juliette a réagi en se cloîtrant toujours plus dans la maison familiale. Elle s'isolait physiquement par cette chevelure qui la caractérisait, en recouvrant son visage de son mieux. Et elle s'échappait de sa famille par la lecture, comme le raconte Colette dans *La Maison de Claudine* : « À midi, elle lisait déjà [...]. Le matin, couchée, elle lisait encore. [...] Une bougie consumée témoignait de sa longue veille. Le papier de la chambre [...] portait les traces, près du lit, des allumettes qu'y frottait, la nuit, avec une brutalité insouciante, ma sœur aux longs cheveux. [...] Le jeudi matin vers 10 heures, il n'était pas rare que je trouvasse, encore couchée et lisant, ma sœur aux longs cheveux. [...] Elle lisait, enroulant machinalement à son poignet l'un de ses serpents de cheveux... »

Dès qu'elle a pu se marier, Juliette s'est échappée du foyer maternel. Épouse de médecin, elle a continué de fuir. Non plus dans la lecture mais dans l'alcool, ce qui, au passage, a permis à Sido de triompher en rappelant qu'elle avait toujours su à quel point Juliette ressemblait à son père... Enfin, quand Juliette s'est suicidée, à l'âge de trente-huit ans, la seule réaction de Sido a été d'accuser son gendre de l'avoir empoisonnée pour se débarrasser d'elle en conservant son patrimoine. Elle semblait convaincue que l'histoire était vouée à se répéter. Mais il est vrai qu'elle connaissait les tentations que peuvent ressentir les conjoints d'alcooliques...

Maria Thérèse Ablay, épouse Joniaux

(1844-1923)

La famille Ablay est d'origine britannique, mais elle s'est installée en Flandre dès le XVIe siècle et y a très vite gagné ce que l'on appelait un prestige de bon aloi. Son ancêtre, celui qui avait quitté l'Angleterre pour se fixer dans la ville de Tournai, avait été officier sous les ordres du roi Henri VIII. Il s'est marié à une Flamande et a engendré toute une dynastie de militaires austères, soucieux de respecter les valeurs familiales traditionnelles, c'est-à-dire le courage et la probité, mais aussi la charité. D'ailleurs, dans sa descendance figurent d'éminents membres du clergé, dont un qui a légué toute sa fortune aux miséreux de sa paroisse.

Né au début du XIXe siècle, Jules-Gustave Ablay s'enorgueillit de descendre de cette famille qui cultive le sens de l'honneur avec juste ce qu'il convient de discrétion. Soucieux de servir son pays et sa famille, il fait carrière dans l'armée belge et y obtient le grade de lieutenant général, gouverneur militaire des provinces du Luxembourg et du Hainaut. Son frère aîné est lieutenant général au service du Royaume-Uni des Pays-Bas puis du Royaume de Belgique, et aide de camp des rois Léopold Ier et Léopold II de Belgique.

Le benjamin suit leur exemple en devenant à son tour lieutenant général, gouverneur militaire de la province de Flandre-Occidentale.

Jules-Gustave épouse une jeune fille de l'aristocratie flamande, et fonde avec elle une famille nombreuse de six enfants à qui il inculque sa rigueur. Il a d'abord un fils, Alfred, dont il espère bien faire un militaire et qui en effet sera capitaine de cavalerie ; puis, le 15 octobre 1844, il s'émerveille d'avoir sa première fille, Maria Thérèse. D'autant que celle-ci se montre, très tôt, particulièrement éveillée. Même si « ce n'est qu'une fille », selon la formule de l'époque, Jules-Gustave place en elle de grands espoirs. Sans pour autant se douter que c'est elle qui rendra célèbre leur nom à travers la Flandre, ni que sa photographie paraîtra plus tard en première page de la presse de l'époque. Hélas, en qualité d'empoisonneuse…

Une jeunesse si convenable, conclue par un mariage assorti

Maria Thérèse grandit à Malines, où la famille Ablay s'est fixée. Bien qu'elle se montre studieuse et particulièrement intelligente, elle interrompt très jeune ses études pour s'occuper de ses sœurs cadettes. De toute façon, il n'a jamais été envisagé qu'elle doive travailler un jour : l'avenir que ses parents lui destinent, et qui lui convient, se résume à un bon mariage et à une vie de famille.

Toutefois, Maria Thérèse est peu courtisée et, lorsqu'elle l'est, elle repousse ses prétendants, qui tous lui paraissent indignes d'elle. Tantôt parce qu'ils sont ordinaires, voire vulgaires, tantôt parce que leur famille n'a pas de fortune suffisante. Un seul d'entre eux, qui vient de terminer des études d'architecte, semble promis à une carrière brillante, mais ses parents sont d'origine trop modeste pour que Maria Thérèse condescende à une telle mésalliance.

Au fil des années, elle acquiert la réputation d'être prétentieuse, sinon aigrie, et les candidats au mariage se font de plus en plus rares. À vingt-trois ans, elle constate que presque toutes ses amies de pension sont mariées et déjà mères de famille, tandis qu'elle est encore célibataire.

Alors, sans enthousiasme, elle accepte de se fiancer avec Frédéric Faber. Il est plus âgé qu'elle et moins fortuné qu'elle ne l'espérait, mais il paraît amoureux. Et il l'est… au moins autant qu'un tel homme peut l'être ! Car Frédéric n'est pas d'un tempérament passionné : c'est un intellectuel, qui n'aime que la littérature et qui n'a pour ambition que de servir les belles lettres. Pour s'assurer un minimum de ressources, il occupe un emploi de secrétaire au Conseil des mines, mais il consacre tout son temps libre à effectuer des recherches historiques et, surtout, il utilise la (modeste) fortune qui lui vient de sa famille pour s'improviser éditeur et promouvoir, par des petits tirages, les jeunes écrivains qu'il estime prometteurs. Lui-même se flatte aussi d'écrire des essais.

En quelques semaines, Maria Thérèse comprend qu'elle ne sera jamais heureuse avec lui, mais son père lui rappelle rudement qu'ils sont désormais fiancés et qu'il n'est pas d'usage, chez les Ablay, de rompre un engagement. Il lui faut donc se marier : ce qu'elle fait, le 10 juillet 1869. Un an et demi plus tard, le 3 février 1871, le couple respecte les convenances en ayant une fille, Jeanne. Celle-ci restera leur unique enfant.

Les mariages sont décevants

Maria Thérèse a de plus en plus de mal à supporter son époux. Ses publications confidentielles lui coûtent bien plus qu'elles ne lui rapportent, ce dont il se moque puisqu'il reste convaincu de donner une chance à des artistes que l'on reconnaîtra plus tard, peut-être à titre posthume. Cette attitude exaspère évidemment Maria Thérèse, qui aspire à une vie luxueuse et mondaine, et qui regrette de s'être mariée.

Elle en souffre plus encore lorsqu'elle fait la connaissance d'Henri Joniaux. Celui-là est issu d'une famille fortunée, il exerce une profession mieux rémunérée et, surtout, plus prestigieuse que cet intellectuel rêveur de Frédéric. Lui, il est ingénieur en chef et directeur aux Ponts et chaussées. Depuis qu'il a perdu sa femme, il élève seul, avec le soutien d'une gouvernante, ses trois enfants : Marguerite, Marthe et Charles. Maria Thérèse s'attache même aux gamins, qui reportent sur elle l'affection qu'ils avaient pour leur mère, alors qu'elle n'éprouve guère de tendresse pour sa propre fille, à qui elle reproche de trop ressembler à son père.

Maria Thérèse sent bien que sa véritable place se trouve au sein de ce foyer, mais il n'est évidemment pas question de divorcer. Même si son père, décédé en 1875, n'est plus là pour l'exhorter à tenir son rang, elle tient à rester fidèle à sa mémoire et à la dignité traditionnelle des Ablay. Alors… alors, après avoir fréquenté durant quelques mois la maison d'Henri Joniaux, et avoir tout de même longuement hésité, elle admet que cette situation ne peut perdurer. Frédéric Faber commence à s'aliter, d'un mal que le médecin de famille n'arrive ni à diagnostiquer ni à soigner. Malgré les soins soudainement dévoués de son épouse, qui ne laisse à personne d'autre le soin de lui faire avaler ses médicaments, il s'affaiblit progressivement, et meurt le 4 décembre 1884. Le chagrin de la jeune veuve, qui a rangé diamants et pierreries pour ne plus porter que d'austères bijoux de jais sous une délicate voilette, interdit tout soupçon. Le voisinage ne commence à murmurer que lorsqu'elle se remarie un peu trop vite, dès le 1er mars 1886. Avec, bien sûr, Henri Joniaux.

Henri, lui, est heureux, en toute simplicité. Cette union offre à ses enfants une seconde mère, qui se montre attachée à lui et qui le flatte en l'encourageant à s'offrir le confort que, selon elle, il mérite. Pour obéir à sa femme, il acquiert à Anvers une demeure spacieuse et élégante. Ses trois enfants y semblent plus épanouis que jamais. Seule Jeanne reste à l'écart, mais celle-ci y est habituée, sinon résignée.

Quant à Maria Thérèse, elle apprécie la vie entre son mari et ses beaux-enfants, d'autant qu'Henri lui fait suffisamment confiance pour la laisser gérer à sa guise le budget du foyer. Il est même admiratif du train de vie qu'elle lui fait désormais mener, et qui est très supérieur à celui que lui offrait sa première épouse. Il n'écoute donc pas les critiques de sa mère, qui ne se gêne pas pour répéter que Maria Thérèse est dépensière et qui conclut prophétiquement que « cette femme ira jusqu'au crime ». Il ne voit là qu'une hargne de belle-mère…

Pourtant, Maria Thérèse n'a toujours pas les moyens correspondant au niveau de vie qu'elle ambitionne. Et il n'est pas question qu'elle travaille : ce ne serait pas convenable pour une femme de son milieu social, outre qu'elle n'en aurait pas le temps, avec sa maison à tenir et les réceptions qu'elle organise. Son remariage n'a donc pas réglé ses soucis financiers, d'autant que son premier époux a laissé de lourdes dettes, que la vente de ses biens de famille n'a pas suffi à éponger. Pour n'avoir rien à rembourser, Maria Thérèse a renoncé à la part successorale qui lui revenait de droit et, par une habile manipulation, elle a transmis tout le passif à sa fille, encore mineure, en expliquant à celle-ci qu'elle pourrait l'apurer avec l'argent qui lui reviendrait un jour sur la succession de la grand-mère paternelle… Puis, sous prétexte qu'elle aurait réglé quelques dettes urgentes, elle a fait signer à sa fille un acte de reconnaissance par lequel la naïve Jeanne s'est engagée à verser sur ses fonds propres tout l'argent que sa mère aurait touché si elle avait accepté la succession…

Malgré ces manigances, Maria Thérèse n'arrive encore pas à équilibrer son budget. Elle sollicite pour de petites sommes, qui s'accroissent au fil des mois, les amis de sa famille, puis ceux de son premier mari. Elle contraint les fournisseurs à patienter, elle prend prétexte de malfaçons sur ses toilettes pour ne pas payer sa couturière… Mais ce sont là des expédients qui ne peuvent perdurer. Alors, dans l'espoir de gagner de l'argent, elle s'inscrit dans un cercle de jeux à Bruxelles. Et en effet, la chance semble la favoriser puisqu'elle multiplie ses gains. Elle justifie cette « bonne fortune » (au sens littéral !) par ses prières et les images pieuses qu'elle porte sur elle. Argument qui laisse dubitatifs les dirigeants du club, qui se mettent à la surveiller et constatent très vite qu'elle triche. Ils l'excluent définitivement, sans toutefois aller jusqu'à déposer plainte contre elle, parce qu'elle est une femme et, de surcroît, fille de général.

Elle profite de cette impunité pour aller jouer dans l'élégante ville thermale de Spa, où se retrouve la bonne bourgeoisie belge, jusqu'au soir où un croupier la dénonce et révèle qu'elle a tenté de le corrompre en lui proposant de partager avec lui ses gains s'il se débrouillait pour lui glisser les cartes gagnantes. Une fois encore, elle échappe aux poursuites pénales en s'engageant à quitter la ville et à ne plus revenir y jouer.

Avec l'argent qu'elle a pu récupérer, elle s'offre un voyage à Monte-Carlo, mais le casino monégasque est trop bien organisé pour qu'elle se risque à tricher. Elle perd toutes ses mises et doit écrire à son mari pour qu'il lui envoie l'argent nécessaire à son retour à Anvers, plus démunie que jamais…

La spirale de l'endettement

Renonçant à jouer, elle inventorie tous les moyens de se procurer de l'argent. Le procédé le plus simple est de souscrire des crédits. Évidemment, elle y a recours, surtout auprès de l'oncle de son mari, Jacques van den Kerckhove : il s'agit de son parent préféré, c'est-à-dire le plus généreux. Cet oncle est un riche industriel, qui s'est lancé sur le tard dans la politique pour se faire élire sénateur. Malgré sa situation prestigieuse, la famille Joniaux le tient à l'écart, parce qu'il a gagné une réputation de libertin en refusant obstinément de se marier et en multipliant les aventures féminines. Maria Thérèse est la seule à l'inviter régulièrement dans les soirées qu'elle donne. Elle se fiche bien de sa vie privée et en retient seulement qu'il est riche et célibataire, donc sans héritiers directs. Lorsqu'elle lui demande un crédit, il lui répond qu'il ne veut pas prêter à ses proches, mais il lui offre le tiers ou la moitié de ce qu'elle sollicitait... Et il accepte même de ne jamais en parler à Henri !

Comme les dons de l'oncle Jacques ne lui suffisent pas non plus, Maria Thérèse cherche à emprunter auprès des banques. Mais le système s'avère limité, surtout pour une femme comme elle, toujours tentée par de nouvelles dépenses dans le souci d'étaler un train de vie supérieur aux autres. Bientôt, elle ne trouve plus de créanciers potentiels, et il lui faudrait, en plus, rembourser les emprunts précédents.

Elle s'interdit d'évoquer ses difficultés financières devant son mari, car Henri estime gagner correctement sa vie et ne comprendrait pas que son salaire s'avère insuffisant pour leur foyer. Pour l'instant, il s'émerveille distraitement de tout ce qu'elle arrive à dépenser. Aussi préfère-t-elle le maintenir à l'écart des soucis d'argent qui la minent, et qui ne pourront qu'empirer au fil des années. Elle en est bien consciente, même si elle reste incapable de limiter ses dépenses.

Désormais, son imagination et toute son énergie sont canalisées sur les divers moyens de se procurer de l'argent. Sans scandale, mais sans scrupule. À plusieurs reprises, elle va mettre en gage au Mont-de-Piété des bijoux ou de l'argenterie. Elle en retire des sommes qui lui permettent d'apaiser les plus pressants de ses créanciers, mais souvent, elle n'a pas les moyens de revenir « racheter » ce qu'elle avait déposé, et il lui faut alors verser un acompte pour prolonger le crédit... Lorsqu'elle ne trouve plus chez elle d'objets de valeur qu'elle pourrait apporter au Mont-de-Piété sans qu'Henri s'en aperçoive, elle y dépose des bijoux qu'elle s'est fait prêter par une amie. Et elle en vient même à acheter à crédit chez un bijoutier de l'argenterie… qu'elle va immédiatement proposer au Mont-de-Piété, pour récupérer le tiers de sa valeur.

Mais il lui faut bien se rendre à l'évidence : ce procédé ne résoudra jamais ses soucis d'argent. Alors, en désespoir de cause, elle se résout à recourir au chantage, sous différentes formes. C'est d'abord le chantage au suicide, qu'elle exerce sur sa belle-mère en l'informant qu'Henri et elle ont des dettes, qu'ils ont eu besoin d'argent pour une raison grave (sans plus de précisions) et que son mari se suicidera s'ils ne parviennent pas à rembourser leurs créanciers. Le procédé fonctionne un moment : Mme Joniaux mère y cède à plusieurs reprises, même si c'est à contrecœur, pour protéger l'équilibre et la réputation de son fils.

Une variante est le chantage au déshonneur. Maria Thérèse implore la générosité de plusieurs amis en racontant que le frère de son mari aurait commis des faux pour régler des dettes de jeu et que, si on ne lui vient pas en aide, il sera chassé de l'armée où il est officier. Après quoi elle écrit à tous ses frères et sœurs pour leur confier que l'un des leurs (non dénommé, forcément…) se serait rendu coupable d'une faute grave, susceptible de le conduire devant les tribunaux, voire en prison : le coupable se serait confié à elle et elle aurait pris l'initiative, pour l'épargner et pour sauvegarder l'honneur de la famille, de rechercher la somme indispensable afin que la victime ne dépose pas plainte, ou pour qu'un maître chanteur ne divulgue pas ce geste infamant…

Elle récupère par ce biais un peu d'argent de son second frère, militaire intransigeant sur la dignité de la famille, mais ni son frère aîné ni ses sœurs n'ont les moyens de céder à ce chantage.

Bientôt, un drame familial lui permet d'exiger encore davantage : le 26 octobre 1890, l'un de ses neveux, Lionel, le fils d'Alfred, son frère aîné, est retrouvé mort dans un étang, à Lubbeek. Étrangement ligoté et enfermé dans un sac, mais la police belge conclut à un suicide... Les Ablay se montrent autant bouleversés par ce décès prématuré que par le mystère qui l'entoure. Maria Thérèse n'a aucune responsabilité dans cette mort, il a été démontré plus tard qu'elle n'aurait pas pu se rendre à Lubbeek le jour où ce garçon a été noyé. Mais elle est assez opportuniste pour utiliser cet événement et faire du chantage aux parents et à la grand-mère de Lionel en leur envoyant des lettres anonymes pour réclamer de l'argent, à défaut de quoi elle menace de révéler comment et pourquoi ce garçon est mort. Elle reste assez floue sur ce qu'elle pourrait divulguer, de telle façon que l'on puisse déduire de ses lettres qu'elle connaît le secret honteux qui a contraint Lionel à se suicider ou, à l'inverse, le nom de son assassin, qui serait un membre de la famille.

Bien plus tard, des experts se verront chargés d'analyser l'écriture des lettres anonymes et concluront unanimement que ce chantage émanait de Maria Thérèse. Mais les Ablay avaient déjà eu des doutes, sinon des certitudes, sur la culpabilité de leur sœur. Parce que, acculée et furieuse de constater que le père et la grand-mère du défunt ne réagissent pas à ses menaces, Maria Thérèse invite chez elle son autre neveu (le frère de Lionel) et lui montre une nouvelle lettre anonyme qui aurait été déposée chez elle, exigeant que la famille indique justement à Maria Thérèse si elle a ou non l'intention de payer pour apaiser le scandale…

À force d'user de tous les procédés pour se procurer de l'argent, Maria Thérèse s'aperçoit qu'elle n'est plus crédible même au sein de sa famille, et qu'aucun de ses proches n'acceptera désormais de lui faire crédit. Or, elle a toujours besoin d'argent. Plus encore que d'habitude, puisque Jeanne, sa fille unique, vient de se fiancer, et avec l'un des descendants de la riche famille Mertens. Le mariage devra absolument être somptueux, mais Maria Thérèse n'a pas le premier sou pour payer le banquet et les festivités.

Elle ne trouve donc plus qu'une dernière échappatoire : persuader Léonie, une de ses sœurs cadettes, de prendre une assurance sur la vie au bénéfice de Jeanne, sa fille… L'assurance est souscrite auprès de deux compagnies, pour un montant global très important de 70 000 francs belges. Léonie proteste bien qu'elle n'a pas les moyens de régler les primes d'assurance, mais Maria Thérèse a réponse à tout : elle promet de payer elle-même ces primes trimestrielles (ce qu'elle serait bien incapable de faire si Léonie devait vivre seulement six mois…) et elle rappelle à sa sœur tout ce qu'elle aurait déjà fait pour elle et pour le reste de la famille. Elle insiste suffisamment pour que la douce et fragile Léonie, à bout d'arguments, signe les deux contrats d'assurance, en décembre 1891.

En signe de gratitude, Maria Thérèse l'invite à venir loger chez elle jusqu'au mariage de Jeanne. Léonie l'aidera à organiser les festivités de la noce, et elle sera mieux en famille que seule chez elle. Léonie accepte avec reconnaissance. Mais, dès son arrivée à Anvers, elle commence à s'affaiblir inexorablement. Tout comme avait décliné, quelques années plus tôt, le premier mari de Maria Thérèse… Et ce mal est tout aussi mystérieux. Le médecin de famille pense au typhus, tandis qu'un autre docteur réserve son diagnostic. Tous deux seront également surpris de constater le décès fulgurant de Léonie, dès le 24 février 1892. Si l'on en croit les symptômes décrits par Maria Thérèse, elle aurait été emportée par une pneumonie.

Maria Thérèse prévient ses frères et sœurs du décès, tout en indiquant que l'enterrement devra avoir lieu au plus vite. Pour une raison qu'elle n'explicitera jamais, elle tient à ce que Léonie, morte un mercredi, soit inhumée avant la fin de la semaine. L'argent versé par les compagnies d'assurances lui permet de résorber quelques dettes, mais surtout de faire de multiples achats et commander de nouvelles toilettes à sa couturière.

C'est alors que l'oncle Jacques van den Kerckhove croit réjouir sa famille (où nombreux sont les puritains qui lui reprochent toujours son célibat et ses joyeuses liaisons) en écrivant à tous que l'âge l'a assagi et qu'il a décidé de réparer ses torts envers la plus fidèle de ses maîtresses, en l'épousant et en reconnaissant le fils naturel qu'ils ont eu ensemble. S'il met à exécution cette menace – pardon, cette promesse –, tout son patrimoine reviendra plus tard à sa veuve et à leur enfant… C'est inacceptable pour Maria Thérèse, qui invite aussitôt le cher oncle à dîner chez elle, le vendredi 17 mars 1893, sous prétexte de fêter une promotion obtenue par son mari. Mais, à la fin du repas, l'oncle suffoque. Et le médecin appelé en urgence ne peut que constater le décès et diagnostiquer une congestion cérébrale…

Le chagrin manifesté par Maria Thérèse, qui porte le deuil comme on porterait un masque, interdit le moindre soupçon. Tout au moins à voix haute. Mais Henri Joniaux se plaint de la fatalité qui s'acharne sur sa maison et s'exclame naïvement, devant ses amis: « Je vis au milieu des corbillards ! » Plus pragmatiques, des lettres anonymes sont adressées au procureur du roi pour accuser Maria Thérèse d'inviter ses proches seulement pour mieux les empoisonner…

Cependant, Maria Thérèse ne tarde pas à pleurer sincèrement l'oncle Jacques, car le notaire chargé du règlement de la succession lui apprend que le sénateur défunt avait déjà légué une part importante de sa fortune à son fils naturel, et qu'il n'a laissé à son neveu qu'un portefeuille de titres boursiers… Or, même si Henri a toujours fait confiance à sa femme pour gérer le quotidien, il n'envisage pas un instant de lui confier des actions, en cette époque où les femmes n'ont même pas le droit d'aller à la Bourse.

Pour compenser cet empoisonnement inutile, Maria Thérèse décide d'inviter chez elle Alfred, son frère aîné. Celui-ci a dû renoncer à sa carrière militaire à la suite d'un scandale amoureux et il n'a jamais retrouvé de situation qui lui convienne. Après la mort de son épouse, il s'est installé à Paris, il y a obtenu un emploi d'aide-comptable, mais il vient d'être licencié et se trouve en grande difficulté financière, lui aussi. Au point d'envisager d'assigner Georges, son seul fils encore vivant, devant les tribunaux, pour obtenir sa condamnation à lui verser une pension alimentaire.

Maria Thérèse estime inconvenant que deux membres de sa famille s'opposent dans un procès. Elle propose donc à Alfred de venir passer le mois de février 1894 à Anvers pour discuter de ses difficultés et y chercher d'autres solutions. Son frère accepte l'invitation, d'autant plus volontiers qu'il espère jouir chez Maria Thérèse d'un confort dont il est privé depuis longtemps.

Après quelques jours de retrouvailles, sa sœur lui suggère de souscrire à son bénéfice une assurance sur la vie, pour un montant exorbitant de 100 000 francs. Sans doute proteste-t-il qu'il n'a pas les moyens de payer les trimestrialités correspondantes, mais Maria Thérèse a toujours réponse à tout : elle tient à lui donner l'argent nécessaire, en renonçant par avance à ce qu'il la rembourse un jour. Et elle insiste assez pour qu'il finisse par accepter, de sorte que, le 17 février, il souscrit cette assurance-vie au profit de sa si bienveillante sœur, qui d'ailleurs se propose de l'héberger chez elle un peu plus longtemps. En fait, il ne repartira jamais, puisque ce robuste ancien militaire meurt soudainement, dans la nuit du 5 au 6 mars 1894... Maria Thérèse raconte au médecin, appelé trop tard, que son frère était malade du cœur, ce qui expliquerait un décès imprévisible et foudroyant.

La justice des compagnies d'assurances

Sans doute Maria Thérèse sait-elle comment s'attirer la compassion de sa famille et de ses relations, qui la plaignent d'être frappée par une telle succession de deuils. Mais les compagnies d'assurances, plus objectives, s'étonnent de la malchance qui poursuit ses proches sitôt qu'ils ont souscrit un contrat d'assurance sur la vie à son profit...

Celle qui doit verser à Maria Thérèse le capital souscrit par son frère moins d'un mois avant sa mort, s'étonne d'un décès aussi rapide. D'autant que le défunt avait certifié être en bonne santé. Elle dépose donc plainte et convainc le procureur du roi d'ordonner une autopsie d'Alfred Ablay. Le verdict des médecins experts n'est pas catégorique mais admet que la mort a pu être provoquée par une ingestion massive de morphine. Or, l'enquête révèle que Maria Thérèse s'était procuré, peu de temps avant la visite de son frère, une importante quantité de morphine… Maria Thérèse riposte que c'est à la demande de sa sœur Émilie qu'elle a fait cet achat. Émilie confirme docilement : elle a besoin de cette drogue pour soulager une maladie nerveuse dont elle souffre depuis longtemps. En revanche, elle s'avère incapable d'expliquer pourquoi elle l'aurait commandée à Maria Thérèse au lieu de l'acheter elle-même.

Les soupçons que suscite la mort d'Alfred Ablay incitent le parquet à ordonner l'autopsie des autres parents morts chez Maria Thérèse. Sans grand succès, il faut l'admettre. Les médecins légistes ne trouvent pas de traces de poison dans les corps, mais rappellent que la morphine se dissout rapidement. Du moins sont-ils en mesure d'affirmer que Léonie n'a pas été emportée par une pneumonie, et que l'oncle van den Kerckhove n'a pas davantage eu de congestion cérébrale. Sans que l'on ne puisse rien prouver, il semblerait même probable que la mort de ce dernier provienne d'un empoisonnement causé par la morphine… Lui aussi !

On s'interroge à ce moment sur le décès de Frédéric Faber, le premier époux de Maria Thérèse, décédé si opportunément au moment où elle commençait à fréquenter Henri Joniaux. Le parquet envisage une autopsie mais les médecins légistes répondent unanimement que ce serait inutile puisque, en dix ans, les traces de morphine auront forcément disparu... Certes, mais les soupçons demeurent ! Maria Thérèse elle-même prend enfin conscience que sa dignité apparente ne la protège plus des suspicions, voire d'une condamnation. Affolée, elle profite de ce qu'elle est encore en liberté pour faire disparaître ses livres de comptes et ses nombreuses reconnaissances de dette. Mais justement, à la première perquisition opérée à son domicile, les enquêteurs s'étonnent qu'une femme de son niveau social prétende n'avoir jamais tenu la moindre comptabilité. Et c'est pour eux un indice, tendant à démontrer que le mobile de tous ces empoisonnements serait financier.

Fidèle à son souci de respectabilité, Maria Thérèse nie tout en bloc, même lorsqu'elle est confrontée à des témoignages accablants, qui rappellent avec une douloureuse unanimité les multiples manœuvres qu'elle a employées pour trouver de l'argent : crédits, appels à la charité, tricheries dans les cercles de jeux, chantage... Et elle tente d'expliquer tout ce qu'elle ne peut vraiment pas contester.

Les décès survenus chez elle ? Ils sont naturels ; d'ailleurs les médecins légistes n'ont rien trouvé de déterminant. Elle n'avait aucun intérêt à la mort de sa sœur Léonie puisque l'assurance-vie avait été contractée au bénéfice de sa fille, et non pour elle. Et puis, Léonie avait toujours été de santé fragile, au point de ne pas se marier. Quant à l'oncle van den Kerckhove, c'était un jouisseur qui abusait des vins et de la bonne chère, et ne parlons même pas de sa vie privée ! Il était donc fatal que son cœur finisse par lâcher. De même, son frère Alfred alternait excès et privations, au gré de ses revers de fortune. Elle l'avait souvent mis en garde, sans qu'il ne l'écoute...

Lorsqu'on lui demande pourquoi elle a fait souscrire à sa sœur puis à son frère des contrats d'assurance-vie aussi onéreux, avec des primes qu'ils n'auraient jamais pu payer eux-mêmes et qu'elle ne pouvait payer que pendant une ou deux échéances, elle n'est que brièvement embarrassée. Très vite, elle se lance dans des improvisations qui ne convaincraient personne, et qui n'ont que le mérite d'être pittoresques.

Pour justifier le contrat d'assurance imposé à sa sœur, elle raconte que sa mère lui aurait avoué, juste avant de mourir, avoir une dette d'honneur de 30 000 francs, et qu'elle lui aurait fait jurer de la rembourser. Maria Thérèse, ne disposant pas de la somme nécessaire, aurait alors demandé à sa sœur Léonie (sans en parler au reste de la fratrie, pourtant tout autant concerné) de conclure ce contrat d'assurance-vie afin de participer au remboursement, même à titre posthume. On ne saura jamais pourquoi elle n'a rien demandé à son second frère, Charles, qui, avec sa solde de colonel dans l'armée, possédait des revenus suffisants pour rembourser sans délai la prétendue dette maternelle.

Maria Thérèse utilise le même argument pour justifier le contrat conclu par son frère Alfred. Celui-ci aurait accumulé de nombreuses dettes, qu'il tenait à honorer de son vivant ou après sa mort. Mais elle ne précisera jamais combien elle a remboursé ni auprès de qui...

Le procès

Le procès de Maria Thérèse devant la cour d'assises d'Anvers dure près d'un mois : du 7 janvier au 3 février 1895. Pour l'occasion, son mari a, à son tour, sollicité l'aide financière de sa famille afin de payer les honoraires de deux des avocats belges les plus prestigieux : Me Charles Graux, bâtonnier du barreau de Bruxelles, sénateur et ancien ministre, et Me Paul Hendricks, éminent avocat du barreau d'Anvers.

Bien que l'accusée s'obstine à se proclamer innocente et que ses avocats répètent sur tous les tons que l'autopsie des victimes n'a pas réussi à démontrer un empoisonnement quelconque, le faisceau d'indices résultant des embarras financiers de Maria Thérèse et des multiples manigances auxquelles elle a eu recours pour tenter de les résoudre, la rapidité avec laquelle ses proches sont morts juste après avoir souscrit des assurances-vie à son profit, convainquent le jury de sa culpabilité. Elle est condamnée à mort, de façon symbolique puisque, à cette époque, en Belgique, on n'exécute déjà plus les femmes. Sa peine est donc immédiatement commuée en condamnation à la réclusion à perpétuité.

Quatre mois plus tard, Maria Thérèse se voit transférée de la prison d'Anvers à celle de Mons. C'est là qu'elle rédige ses souvenirs, pour se présenter comme une femme obstinément dévouée à sa famille, au point d'avoir préféré se laisser accuser à tort plutôt que de révéler les gestes déshonorants commis par ses proches, les chantages qu'ils subissaient et qui l'auraient contrainte, elle, à toujours rechercher de l'argent pour leur épargner le déshonneur. À force de se positionner en victime, peut-être a-t-elle fini par se convaincre elle-même de sa propre innocence, au mépris de toute vraisemblance ? En tout cas, elle a tout tenté pour en persuader les autres, jusqu'à sa mort, survenue à Anvers où elle était soignée, en 1923.

Les joyeuses empoisonneuses marseillaises

(1868)

Marseille est la ville la plus ensoleillée de France. Comme, en plus, ses habitants sont reconnaissables à leur accent chantant particulièrement pittoresque, et qu'ils gardent la réputation de tout exagérer joyeusement sans croire eux-mêmes à ce qu'ils racontent, il semblerait que la vie y soit plus joviale qu'ailleurs.

Le théâtre et les romans de Marcel Pagnol ont encore accentué cette image caricaturale. Tout comme le procès des empoisonneuses du quartier du Panier, ces dames dont la rencontre, gaillardement criminelle, n'aurait pas pu avoir lieu ailleurs qu'à Marseille...

Une cartomancienne dépourvue de dons... et de scrupules

Fanny Lambert[1], la femme qui est à l'origine de cette vague d'empoisonnements conjugaux, n'est pas née à Marseille mais à Saint-Raphaël, en 1835, dans une famille miséreuse. Elle a dix ans quand ses parents décident de partir s'installer dans la cité phocéenne, en espérant qu'il leur sera plus facile de trouver du travail

1. Son véritable nom est Françoise, mais elle se fait appeler par le diminutif, courant à l'époque, de Fanny.

dans une grande ville. Toute la famille s'entasse dans un minuscule logement dépourvu du moindre confort, au cœur du quartier populaire du Panier: un enchevêtrement de ruelles en pente qui domine le Vieux Port, face à Notre-Dame-de-la-Garde.

Il n'est pas question que la petite Françoise aille à l'école. Comme la plupart des enfants pauvres, elle doit travailler pour rapporter un peu d'argent à ses parents. À dix ans, elle livre du pain chez les particuliers, puis elle est engagée par un tailleur de quartier. En ces temps où le prêt-à-porter n'existe pas, le métier de couturière est très répandu et permet à beaucoup de femmes de subsister. Françoise s'y résout pour aider sa famille, mais en se jurant que ce sera provisoire. Et en effet, dès l'âge de dix-sept ans, elle trouve une première échappatoire en épousant un dénommé Copello. Toutefois, après avoir eu avec lui deux enfants, elle fuit le domicile conjugal parce qu'elle ne supporte plus ce mari qui la bat chaque fois qu'il rentre ivre.

Il lui faut donc retrouver un emploi… Bon gré mal gré, elle se remet à la couture et, parfois, en échange d'un petit repas ou d'une tasse de café, elle tire les cartes sans trop y croire, histoire de rassurer ses voisines sur leur avenir.

Jusqu'au soir où l'une de ses consultantes lui amène la belle et plantureuse Rosine Salvago[1], qui s'inquiète de savoir comment va évoluer son histoire d'amour. Rosine travaille aux Messageries impériales, elle n'y est que commissionnaire mais c'est suffisant pour qu'au Panier, on la considère comme « à l'aise ». Elle-même se

1. Son véritable nom est Marie-Rose Allavena, épouse Salvago.

satisferait de son sort si elle n'était pas mariée, « surtout pour le pire », avec Jean Salvago : un ivrogne incapable de garder un emploi à cause de son mauvais caractère, et qui n'en cherche même plus depuis qu'il a eu la chance de rencontrer Rosine et de l'épouser. C'est du moins ainsi qu'elle décrit leur vie conjugale.

En plus, depuis trois ans, Salvago est malade, aussi doit-elle également le soigner. Elle resterait néanmoins résignée à cette union si, dans le cadre de son activité aux Messageries, elle n'avait pas rencontré Charles Pellegrin : un armateur élégant et fortuné, qui lui a fait des avances et dont elle s'est éprise. Malheureusement, il est marié et père de trois enfants. Rosine demande à Fanny d'interroger son jeu de tarots pour savoir si Charles l'aimera au point d'abandonner sa famille et de lui offrir la vie confortable qu'elle estime mériter.

La cartomancienne lui fait tirer plusieurs cartes, qu'elle recouvre ensuite elle-même. Alors, les yeux mi-clos, elle révèle à Rosine que son armateur ne divorcera jamais. Elle en est sûre. Non pas qu'elle l'ait lu dans les tarots, mais elle le sait par expérience. Dans le quartier du Panier, les femmes échangent sur le pas de leurs portes des confidences vite répétées. Ici, on se flatte de connaître « la vie », même si ladite vie se résume à l'existence des voisines. Or, précisément, Fanny a souvent vu des ouvrières devenir les maîtresses de leur patron, mais elle n'a jamais entendu dire qu'un bourgeois ait délaissé son foyer pour se mettre en ménage avec l'une de ces malheureuses.

Afin de consoler Rosine, elle ajoute que son armateur l'aimera assez pour poursuivre leur liaison, voire l'installer un jour dans ses meubles. Il ne serait pas le premier à entretenir un second foyer... « Il le fera une fois que tu seras devenue veuve », conclut la tireuse de cartes, sans se douter des conséquences que va avoir cette prédiction.

Rosine a tellement confiance en elle... ou tellement hâte d'être débarrassée de Salvago, qu'à partir de ce jour, elle revient régulièrement supplier Fanny de lire dans les cartes la date où son mari mourra enfin. Fanny lui répond de façon floue, mais finit par céder à la tentation d'utiliser la naïveté de sa cliente pour gagner un peu plus d'argent. Elle lui propose alors de prier pour que son mari meure plus vite. Elle n'a aucun scrupule à implorer les saints locaux, c'est-à-dire les statues des frères saint Côme et saint Damien que l'on invoque dans l'église des Accoules, pour qu'ils interviennent et précipitent la mort de Jean Salvago.

Rosine n'hésite pas. Aussitôt, elle offre une importante somme d'argent à Fanny pour que celle-ci lance un mauvais sort à son fainéant de mari, qui ne lui a apporté que des coups et des soucis. Elle a quasiment l'impression de se faire justice. Fanny accepte et, tout en recomptant les billets, s'engage à maudire Salvago. Et à attirer sur lui la vengeance de « la Bonne Mère », qui ne devrait pas tolérer qu'un homme se montre aussi brutal envers sa délicate épouse... Sans doute prévoit-elle que ce stratagème lui assurera des rentrées d'argent régulières émanant de Rosine, jusqu'au jour où, forcément, Salvago mourra. Vu son degré d'ivrognerie, l'événement devrait survenir avant que Rosine n'ait totalement perdu patience...

L'idée est astucieuse, et va encore progresser grâce à une intervention que même la tireuse de cartes n'avait pas prévue : celle d'un herboriste tout aussi cynique qu'elle.

La voyante et l'herboriste : association de malfaiteurs...

Un an plus tôt, en février 1867, s'est installé à Marseille François Joye. Il avait alors quarante-cinq ans, il arrivait de Toulon où il avait été employé comme boulanger jusqu'à ce qu'il se fasse condamner à deux reprises, d'abord pour exercice illégal de la médecine puis pour escroquerie. Venu à Marseille chercher l'oubli de ses condamnations passées, il s'est loué une minuscule chambre dans la montée Saint-Esprit et a bien tenté de gagner honnêtement sa vie, en livrant du vin ou des journaux. Mais, comme cela ne lui suffisait pas, il s'est mis à proposer aux passants différentes plantes censées soigner ou apporter la guérison, et il a découvert à cette occasion la crédulité des gens, prêts à acheter des herbes pour résoudre toutes leurs difficultés. L'appât du gain l'a repris et il s'est improvisé spirite. Il a vite gagné assez d'argent pour racheter une boutique d'herboriste, dans laquelle il écoute désormais les doléances de ses clients avant de leur proposer des solutions plus ou moins magiques, et encore moins légales... Par exemple, à une femme qui lui plaît, il offre un clou de cercueil qu'elle n'aura qu'à glisser sous l'oreiller de son mari pour attirer la mort sur lui.

Peu à peu, sa réputation s'étend dans tout Marseille. Il reçoit même les doléances et les supplications de respectables bourgeoises, accourues des prestigieuses rue Breteuil ou rue Paradis dans l'espoir de devenir bientôt veuves...

Preuve de sa réussite fulgurante : au mois de décembre 1867, c'est sa consœur Fanny Lambert qui vient dans sa boutique se faire tirer les cartes, sans se douter que cet homme n'a pas plus de don qu'elle-même. Spontanément jaillit entre eux un éclair de connivence : chacun reconnaît en l'autre le reflet de sa propre cupidité. Fanny sourit en confiant à François qu'elle a promis à l'une de ses clientes d'accélérer la mort de son mari par ses prières, tandis qu'il juge l'idée excellente et lui révèle disposer de produits bien plus efficaces que les sortilèges : en effet, il a récupéré dans les stocks de son prédécesseur une importante quantité d'arsenic, non déclarée...

Dès le lendemain, Fanny interpelle Rosine dans la rue du Refuge et lui donne des sachets de poudre à mélanger à la nourriture de son mari, pour qu'il soit plus réceptif aux sortilèges. Rosine suit scrupuleusement les prescriptions, sans se poser de question sur la nature de la poudre. Et elle s'émerveille de son efficacité lorsque, le 3 février 1868, Jean Salvago râle enfin pour la dernière fois. La voici veuve ! Et soulagée. Elle ne regrettera jamais son mari... bien que Pellegrin ne tienne pas les promesses de Fanny et n'envisage pas de l'entretenir !

Pour une fois, le bonheur des uns fait le bonheur des autres. En voyant la satisfaction de Rosine... et la rémunération que celle-ci a été trop heureuse de verser à Fanny, la voyante et l'herboriste décident de s'associer. Fanny continuera de promettre à ses clientes la mort de leurs maris, mais elle s'engage à faire appel à François pour les empoisonner. Et François perfectionne sa recette en mêlant à l'arsenic de la belladone. Les deux poisons suscitent dans le corps humain des réactions inverses, ce qui fausse le diagnostic des médecins de l'époque.

La passion de Marie Ville

À vingt ans, Marie Autran a fait un mariage de raison. Elle a épousé Antoine Ville, un tisserand assez fortuné, qui a installé leur ménage dans un appartement confortable, rue Beauregard. Ils ont eu deux enfants, dont l'un est mort en bas âge. Quand leur fille est devenue adulte, Antoine a estimé qu'il avait suffisamment travaillé et a revendu son commerce. C'est à cette époque que Marie s'est plainte de s'ennuyer, peut-être parce que la présence constante de son mari à ses côtés s'avérait pesante. Elle a donc prétendu avoir besoin d'activités, jusqu'à ce qu'Antoine acquière pour elle un magasin de vaisselle et porcelaine – exactement le commerce qu'elle souhaitait. L'activité y est propre et rapporte de l'argent sans que ce soit trop fatigant.

Pourtant, très vite, Marie recommence à s'ennuyer... Elle se confie à Rosette, sa vendeuse, qui lui répond qu'elle-même est bien plus épanouie depuis qu'elle consacre son temps libre à un amant. Un homme qui n'est qu'un simple maçon, mais du moins n'a-t-elle pas à le supporter ni à le servir en permanence. De plus, à la différence d'un mari, il la remercie pour tout ce qu'elle fait pour lui. Parfois même, il lui offre des fleurs... En constatant que sa patronne l'écoute rêveusement, Rosette se propose de lui présenter un copain de ce compagnon idéal. Marie Ville accepte aussitôt !

Dès le dimanche suivant, elle va chez sa vendeuse pour y croiser, de façon apparemment fortuite (même si personne n'est dupe), cet amant potentiel. Elle s'attend à rencontrer un ouvrier maçon aussi vulgaire que vigoureux, et s'avoue agréablement surprise par l'élégance de Barthélémy Marino. L'homme est grand et mince, arbore une barbe blonde finement taillée et s'exprime avec autant de distinction que d'énergie.

Marie est subjuguée. Rosette s'en aperçoit et s'éclipse discrètement avec son amoureux, au moment où Marie fait jurer à Barthélémy de revenir dès le dimanche suivant, voire tous les dimanches… Très vite, Marie veut jouir de cet homme plus d'une fois par semaine. Pour le retrouver, elle loue dans la rue Belsunce une chambre meublée qu'elle décore afin d'avoir l'impression que son amant et elle abritent leur passion dans un vrai foyer. Elle lui offre des cravates et d'autres vêtements, plus chers que les siens, même s'il les refuse parce qu'il ne saurait pas comment s'en expliquer devant sa femme… Car bien sûr, Barthélémy est marié, comme Marie ! Et, à la différence de Marie, il aime toujours son épouse, même s'il ne résiste pas aux plaisirs de la tromper.

Marie en souffre mais ne proteste surtout pas, tant elle a peur de le perdre. Comme il est maçon et qu'à ce titre, il va chaque matin chercher à se faire embaucher à la journée, elle lui paye des jours de salaire pour qu'il reste auprès d'elle, dans leur chambre de la rue Belsunce, au lieu de s'épuiser sur les chantiers. Elle invente de multiples prétextes pour le revoir, le caresser, sans jamais assouvir tout à fait les désirs qu'il lui inspire. Désormais, elle a cessé de s'ennuyer. Sauf peut-être le soir, lorsqu'il lui faut rejoindre son mari…

Alors, sur les conseils de Rosine Salvago, qui vient régulièrement dans sa boutique lui acheter des assiettes décoratives, elle va à son tour consulter Fanny Lambert. Et celle-ci lui prédit la mort d'Antoine Ville à court terme, pour peu qu'on lui jette un mauvais sort dont les effets seront décuplés par l'absorption de certaines poudres.

Marie est bien tentée par cette offre, mais elle hésite un peu. Elle avoue à Fanny qu'elle n'accepterait qu'à condition d'être certaine que Barthélémy viendra s'installer avec elle une fois qu'elle sera devenue veuve. Fanny la rassure d'un haussement d'épaules : son amant sera trop heureux de vivre chez elle, dans le confort laissé par le mari. Cela suffit pour que Marie accepte.

Elle est convaincue que la cartomancienne va attirer la mort sur Antoine par l'un de ces maléfices ancestraux qui échappent aussi bien à la science qu'à la loi, et c'est en toute bonne conscience qu'elle verse, dans les tisanes ou les tasses de café de son mari, le mélange d'arsenic et de belladone élaboré par François Joye, que Fanny lui revend. D'ailleurs, la malédiction semble efficace puisque, en effet, Antoine tombe très vite malade. Il souffre de nausées, il se plaint de diarrhées… mais il ne meurt pas ! Tout au plus continue-t-il de s'affaiblir, sous le regard inquiet du médecin de quartier. Un soir, quand Marie revient de sa boutique, son mari lui apprend qu'il a encore eu un malaise et que le docteur Martin a décidé de venir prélever ses vomissements pour les faire analyser.

Marie s'inquiète, elle craint que le médecin ne trouve trace d'aucune maladie et ne comprenne qu'Antoine a été envoûté. Elle se précipite chez Fanny, qui s'affole à son tour en devinant qu'une analyse médicale pourrait déceler l'empoisonnement. Alors, perdue pour perdue, elle emmène Marie chez François Joye. Celui-ci conclut que le mari doit impérativement mourir avant qu'on ait pu examiner ses vomissures, pour que son décès soit attribué au choléra ou à quelque fièvre méconnue. Et il leur propose une dose massive d'arsenic et de belladone.

Marie prend alors conscience qu'on lui a bel et bien fait empoisonner son mari. Elle s'y serait refusée si on l'en avait informée au début, mais désormais, elle n'a plus le choix. Si Antoine guérissait soudainement, son médecin se poserait encore davantage de questions. Et surtout, elle a bâti trop de projets autour de Barthélémy pour y renoncer.

Mais elle a tort de s'inquiéter : le 19 mai 1868, son mari meurt, et le brave docteur Martin lui présente ses condoléances, en même temps que ses excuses pour n'avoir pas réussi à le sauver. Désormais, elle est veuve, riche héritière, et libre d'aimer Barthélémy en toute impunité. En somme, elle a gagné la partie... pour le moment !

Les candidates au veuvage se multiplient

À la même période, parmi toutes les clientes de Fanny et François qui aspirent à devenir veuves, figure Joséphine : l'épouse de Joseph Gabriel. Celle-ci n'a pourtant rien à reprocher à son mari, elle le reconnaît elle-même. Joseph est tombé amoureux d'elle et lui a proposé le mariage tout de suite après avoir fait sa connaissance. C'était une chance, que Joséphine a saisie avec opportunisme mais sans vraiment l'apprécier car, justement, elle est habituée à avoir de la chance.

Lorsqu'elle est née, sa mère biologique, Baptistine Olive, était déjà alcoolique et subsistait misérablement dans la prostitution. Joséphine était donc promise à un avenir sordide et peut-être violent, mais Baptistine a estimé qu'elle ne pouvait pas se charger d'un enfant de plus. Et elle allait l'abandonner quand des voisins plus fortunés, qui se désespéraient de ne pas pouvoir avoir d'enfant, ont récupéré le bébé. Joséphine a ainsi été choyée et éduquée ; elle a même été inscrite dans une école religieuse où elle a obtenu un « premier prix de vertu »... mais oui !

Elle a ensuite accepté d'épouser Joseph parce qu'il gagnait bien sa vie comme mécanicien, mais elle a insisté pour rester au domicile de ses parents adoptifs, ce que son mari a permis. Puis, lorsqu'elle a prétendu avoir besoin d'indépendance, Joseph lui a offert le logement dont elle rêvait. Il a toujours ignoré que, si elle avait souhaité s'éloigner de ses parents, c'était pour recevoir ses amants en toute discrétion, l'après-midi. Enfin, quand Joséphine a décidé de gagner de l'argent à son tour, il lui a acheté un petit commerce de vins et liqueurs dans la rue Fontaine-d'Arménie. Elle déborde de gratitude pour ce mari généreux... mais ce n'est que de la reconnaissance, pas de l'amour !

Aussi cède-t-elle à toutes les tentations qui s'offrent à elle. Avec d'autant moins de scrupules qu'elle a maintenant retrouvé sa mère naturelle, Baptistine, et que celle-ci semble vouloir rattraper le temps et l'amour maternel perdus. Chaque fois qu'elle passe embrasser sa fille dans son magasin (en buvant une demi-bouteille au passage), elle lui répète qu'elle l'aime, bien plus que les dix enfants légitimes qu'elle a donnés à son mari, Marius Dye. Elle lui fait ses confidences, lui raconte qu'elle-même a toujours trompé Marius et qu'elle se reconnaît tout à fait dans les infidélités de cette fille découverte sur le tard. Joséphine, qui n'avait déjà guère besoin d'encouragements, multiplie les liaisons.

Jusqu'au jour où elle rencontre Sévaire Cadussaud, qui travaille tout près de son commerce puisqu'il est contremaître à l'Alcazar[1]. Elle l'invite à venir goûter les alcools qu'elle vend, et il accepte parce qu'il comprend qu'il va bénéficier d'une aventure facile. Il n'en demande pas davantage.

Mais Sévaire est séduisant, un peu plus jeune que Joséphine et il l'impressionne par sa profession. Par amour pour lui, elle devient même fidèle, pour la première fois. Malheureusement, Sévaire ne répond pas à ses attentes. Alors, elle le guette à la sortie de l'Alcazar, elle le supplie de venir la rejoindre un moment. Elle qui ne sait pas écrire, elle dicte à l'un de ses anciens amants des lettres enflammées, qu'elle remet à Sévaire lorsqu'un hasard bien guidé les fait se rencontrer tous les deux… Sévaire cède parfois, mais de moins en moins souvent, et toujours par facilité.

Joséphine se désespère en comprenant qu'il ne l'aime pas et décide d'aller se faire tirer les cartes pour savoir si elle peut tout de même garder l'espoir de parvenir à être aimée de lui. C'est ainsi qu'elle va consulter Fanny Lambert… Et que celle-ci lui promet que Sévaire répondra à sa passion, mais seulement lorsqu'elle sera veuve, et libre… Joséphine en reste décontenancée. Apaisée d'apprendre que cet homme l'aimera un jour, mais inquiète de calculer qu'il lui faudra attendre pour cela la mort de son mari, actuellement en parfaite santé… Et quand Fanny Lambert suggère que l'on peut jeter un sort à Joseph pour précipiter sa fin, Joséphine

1. L'Alcazar était un théâtre marseillais réputé pour ses spectacles de cafés-concerts. Le public s'y prétendait connaisseur et n'hésitait pas à applaudir et encourager un artiste, ou au contraire à le siffler, voire à lui lancer des légumes…

proteste. Sans aimer son mari, elle ne lui veut pas de mal.

Tout de même, elle est trop amoureuse de Sévaire pour ne pas éprouver le besoin de parler de lui. Elle demande conseil à sa mère naturelle, et est tout étonnée d'entendre Baptistine lui répondre qu'elle aurait tort de sacrifier son histoire d'amour à un simple mari. Et qu'elle doit donner à Fanny Lambert le prix demandé pour que Joseph meure au plus vite, après quoi elle, Baptistine, fera de même avec son propre époux… Il n'en faut pas davantage pour décider Joséphine à programmer la mort de ce pauvre Joseph, qu'elle plaint bien un peu mais qu'elle ne regrettera jamais. Le 30 juillet 1868, elle va acheter à Fanny Lambert les produits nécessaires au décès de son mari, qui se plaint de nausées le soir même. Il meurt le 8 août suivant, sous le regard impuissant du médecin de famille… Le bon docteur délivre néanmoins, sans hésitation, un permis d'inhumer.

En constatant que l'empoisonnement de ce pauvre Joseph n'a suscité aucun soupçon, Baptistine, la mère de Joséphine, en conclut qu'elle aurait bien tort de ne pas se débarrasser à son tour de son imbécile de mari. Marius Dye a soixante-deux ans, il bougonne à tout propos et, même s'il s'est habitué à ce qu'elle le bafoue avec de multiples amants, qu'elle amène parfois jusqu'au domicile conjugal, il lui reproche un peu trop aigrement d'être alcoolique et de négliger le ménage de leur minuscule taudis…

Sa fille lui obtient un rendez-vous avec Fanny Lambert, mais Baptistine se méfie des femmes et insiste pour rencontrer François Joye, qui lui promet de maudire son mari tout en lui vendant un sachet de poudre à mélanger au repas de Marius... Le soir même, Baptistine commence à empoisonner son mari qui, selon les prescriptions de l'herboriste devrait mourir après une semaine de fièvre inexplicable pour les médecins. Et en effet, Marius s'avoue bientôt incapable de se lever ; il garde le lit, dans lequel il se tord sous l'effet des nausées...

Malheureusement, Baptistine manque de discrétion, surtout quand elle est ivre. Trois jours plus tard, alors qu'elle accueille chez elle l'un de ses amants, le tonnelier Giolo, elle ne résiste pas au plaisir de se vanter d'avoir trouvé le moyen de devenir veuve en toute impunité. Giolo la félicite entre deux éclats de rire, mais Marius a tout entendu, lui aussi, à travers la porte. Malgré sa faiblesse et ses nausées, il trouve l'énergie de se rhabiller et de partir précipitamment se cacher chez l'un de ses fils, auprès de qui il retrouve force et vigueur.

Il n'acceptera jamais de revoir sa femme.

Le dernier crime

La farandole des enterrements d'époux encombrants se poursuivrait sans doute encore longtemps, autour de l'église des Accoules, si Marie Ville se satisfaisait de son veuvage. Toutefois, elle n'a pas empoisonné Antoine pour se venger de lui : au contraire, elle a toujours reconnu qu'il avait été un bon époux, fidèle sans pour autant se montrer jaloux, et généreux envers elle tout en restant économe. Elle n'a voulu sa mort que pour pouvoir se rassasier de Barthélémy.

Maintenant qu'elle est veuve et riche, elle exige que son amant vienne vivre avec elle. Mais Barthélémy refuse, en lui rappelant qu'il est marié avec Miette, une jolie jeune femme qui va chaque matin chercher des fleurs pour les revendre aux passants sur le cours Saint-Louis, dans le bas de la Canebière. Marie se refuse à croire que Barthélémy puisse aimer sincèrement sa femme, puisqu'il la trompe depuis deux ans avec elle. Elle est persuadée que c'est par pitié qu'il reste avec cette épouse même pas fortunée... et elle décide de l'aider à devenir veuf, à son insu !

Encore une fois, elle sollicite l'aide de Fanny, mais celle-ci la lui refuse vigoureusement. Car Fanny respecte certains principes : certes, elle est prête à empoisonner tous les maris qu'on lui désignera jusqu'à ce qu'elle ait fait fortune, mais elle aurait honte de participer à l'assassinat d'une honnête femme qui n'a causé de préjudice à personne et dont, en plus, on a détourné le mari ! Elle craindrait même d'irriter Notre-Dame de la Garde, cette Vierge à qui elle va régulièrement offrir prières, offrandes et confessions, pour se faire pardonner ses crimes...

Marie insiste, puis, en constatant que Fanny ne changera pas d'avis, elle se fâche et déclare qu'elle se passera d'elle ; elle s'adressera directement à François Joye, l'herboriste. La cartomancienne sait que celui-ci n'a aucun scrupule et qu'il vendra (cher !) à Marie tout ce qu'elle voudra. Alors, elle estime que son devoir est d'aller prévenir Miette, l'épouse de Barthélémy. Et elle se précipite vers le cours Saint-Louis où, chaque matin, la jeune femme propose ses fleurs aux passants.

Comme elle ne la connaît pas, elle demande à une autre marchande de fleurs, Angélique Jourdan, où se tient Miette. Angélique lui répond qu'exceptionnellement, sa voisine n'est pas venue ce matin. Et, aussi incroyable que cela puisse paraître, voici que Fanny dévoile tout à cette marchande de fleurs qu'elle ne connaissait pas dix minutes plus tôt. Elle lui raconte que le mari de Miette a une maîtresse, que cette dernière a déjà tué son propre mari et qu'elle va maintenant empoisonner Miette, afin de pouvoir épouser Barthélémy. Bref : elle supplie Angélique de mettre Miette en garde, dès qu'elle la reverra.

La jeune femme s'y engage et, le lendemain, répète tout à Miette qui commence par protester qu'il doit s'agir d'une mauvaise blague, mais qui y repense toute la journée, jusqu'au soir où elle interroge son mari. Barthélémy nie tout : non, il n'a jamais eu de maîtresse, il aime bien trop sa femme pour cela, et d'ailleurs s'il l'avait trompée, elle s'en serait forcément aperçue, etc. Bref, il reprend tous les arguments usés par tous les maris pris en faute et, comme Miette ne demande qu'à le croire, elle se laisse convaincre. Mais lui, il s'inquiète de l'avertissement transmis par Fanny...

Le lendemain, il s'empresse donc d'aller retrouver Marie et de lui demander si elle a prémédité l'empoisonnement de sa femme. Marie nie tout, sur un ton un peu trop indigné pour être crédible. Convaincu qu'elle est coupable mais qu'elle n'avouera jamais rien, Barthélémy n'insiste pas et va s'adresser à l'herboriste dans sa boutique.

Au lieu de l'interroger lui aussi, il a l'habileté de prétendre savoir que François Joye aurait déjà permis d'empoisonner Antoine Ville ; il raconte souhaiter à son tour la mort de sa femme, pour être libre d'épouser sa maîtresse. Ainsi mis en confiance, l'herboriste se vante de pouvoir empoisonner discrètement n'importe qui. Il ajoute que c'était initialement Fanny qui devait faire périr Antoine Ville, mais qu'elle n'y arrivait pas, avec ses mélanges de tisanes, mauvaises prières et faux poisons, de sorte qu'elle a sollicité son aide et qu'en quelques jours il a débarrassé Marie de son mari, sans qu'aucun médecin ne détecte quoi que ce soit. Moyennant une belle somme d'argent, il s'engage à faire de même avec Miette, qui disparaîtra rapidement et sans trop de souffrances.

Barthélémy fait mine d'acquiescer et propose à l'herboriste de le retrouver le lendemain, chez Marie : il y récupérera la « poudre blanche » et en paiera le prix. Marché conclu. Barthélémy se précipite chez sa maîtresse, à qui il confirme tout savoir désormais. Marie se voit bien obligée d'avouer : oui, par amour pour lui, elle a prémédité la mort de son mari. Sur les conseils de sa cliente et amie Rosine Salvago, elle avait d'abord sollicité l'aide de Fanny Lambert, puis toutes deux avaient eu recours aux talents de l'herboriste. Et, en effet, elle reconnaît avoir ensuite projeté la mort de Miette, toujours par amour pour Barthélémy. Au point où elle en est, elle se libère même d'un ultime aveu : si Barthélémy, une fois devenu veuf, ne l'épousait pas, elle l'empoisonnerait à son tour pour qu'il n'appartienne jamais à une autre qu'elle.

Le 27 août 1868, François Joye retrouve Barthélémy chez sa maîtresse et lui fournit l'arsenic nécessaire pour empoisonner sa femme. Barthélémy le remercie et paie le prix convenu. Puis, resté seul avec Marie, il lui demande si elle ne craint pas de finir en cour d'assises et d'être condamnée à de longues années de réclusion pour empoisonnement. Devant ce qu'elle prend pour de la naïveté bien masculine, Marie éclate de rire, en lui expliquant qu'il n'y a vraiment aucun danger ! Elle-même a déjà supprimé son mari en toute impunité, tout comme Joséphine Gabriel, Rosine Salvago... et bien d'autres, dont elle n'aurait pas le temps de faire la liste !

Lorsque Barthélémy la quitte, elle ne peut pas s'imaginer qu'il se rend directement au commissariat de police pour y dénoncer cette vague de crimes et remettre l'arsenic comme pièce à conviction. Deux jours plus tard, les agents stimulent les commérages du quartier du Panier en venant arrêter à grand fracas l'herboriste et Fanny Lambert, ainsi que Rosine Salvago, Joséphine Gabriel et Marie Ville. C'est cette dernière qui se montre la plus agressive : elle ne supporte pas d'avoir été dénoncée par l'homme qu'elle aimait, celui qu'elle couvrait de cadeaux avec l'argent de son mari, celui pour qui elle est devenue criminelle et qui, en réponse, a osé la dénoncer... et en plus, pour sauver sa femme !

Toutes ces dames au tribunal !

Le procès de Fanny Lambert, François Joye et de leur clientèle de veuves se tient du 5 au 8 décembre 1868. La joyeuse complicité qui unissait les accusés disparaît à cette occasion, les veuves reprochant à Fanny de les avoir incitées à se débarrasser de leurs maris, tandis que Fanny Lambert proteste que ce sont elles qui venaient la supplier de précipiter la mort de ces messieurs.

Quatre jours plus tard, le verdict est assené. Il apparaît particulièrement sévère, mais sans doute le jury de la cour d'assises a-t-il été choqué d'apprendre qu'en plus des accusées, bien d'autres honorables Marseillaises avaient eu recours aux services de la cartomancienne et de l'herboriste pour devenir veuves plus vite. Fanny Lambert et François Joye sont condamnés aux travaux forcés à perpétuité. Comme Joséphine Gabriel et Marie Ville. Tandis que Rosine Salvago, qui a invoqué au titre de circonstances atténuantes le tempérament violent de son mari, se voit infliger vingt ans de travaux forcés.

Quant à Baptistine Olive, la mère de Joséphine, elle reste stupéfaite d'entendre que les jurés l'ont acquittée, au bénéfice du doute…

Violette Nozière

(1915-1966)

La naissance de Violette Nozière à Neuvy-sur-Loire, dans la Nièvre, le 11 janvier 1915, semble augurer pour ses parents une période de sérénité.

Sa mère, Germaine Hézard, a de bonnes raisons de se sentir enfin soulagée. À dix-neuf ans, elle avait dû accepter que ses parents la marient avec Louis Arnal, un propriétaire terrien dont la fortune constituait la principale qualité. Alcoolique, il avait trompé et battu Germaine jusqu'à ce qu'elle demande le divorce, décision qui la libérait de ce mari brutal mais qui, en 1914, la plaçait au ban de la société et la soumettait au mépris de ses parents et de leurs relations. Elle n'avait d'ailleurs pas osé rester à Neuvy-sur-Loire, où sa famille était pourtant établie depuis plusieurs générations et, sous prétexte qu'une femme seule trouvait plus facilement du travail à Paris, elle avait rejoint la capitale sans que personne ne la retienne.

Une enfance prometteuse

Là, elle s'était d'abord fait employer comme lingère mais très vite, comme la Grande Guerre, déclarée au mois de juin, avait éloigné les hommes et qu'il fallait bien les remplacer au quotidien, elle avait obtenu un emploi de mécanicienne à la Compagnie des chemins de fer Paris-Lyon-Méditerranée. Cela lui avait permis de faire la connaissance, parmi les chauffeurs de locomotive, de Baptiste Nozière. Quelques mois plus tard, elle s'était trouvée enceinte et avait craint que cet homme ne l'abandonne en lui laissant l'image, infamante à l'époque, de fille-mère, en plus d'être divorcée… Au lieu de cela, Baptiste s'était réjoui à la perspective de devenir père et il avait immédiatement proposé à Germaine de l'épouser.

Les deux amants s'étaient mariés le 17 août 1914. Dans leur petit logement de la rue Montgallet, ils se félicitaient de leur bonne entente, que venait de ponctuer la naissance de cette enfant au prénom de fleur…

Quant à Baptiste Nozière, il n'avait guère eu, lui non plus, d'occasion de s'épanouir avant de devenir père. Né en 1885 à Prades, au cœur de l'Auvergne, il avait perdu sa mère à l'âge de trois ans. L'arrivée au foyer d'une jeune belle-mère n'avait pas suffi à atténuer la brutalité de son père, un boulanger autoritaire qui humiliait et battait ses fils sous prétexte qu'il fallait en faire des hommes. Quand Ernest, le frère cadet de Baptiste, avait été en âge de fonder une famille, son père lui avait trouvé une femme… qui lui plaisait, à lui ! Et le boulanger imposait ses désirs à sa bru sans se soucier des protestations de celle-ci, non plus que de celles de son fils, et moins encore des soupirs douloureusement résignés de sa propre épouse.

Terrorisé mais bien déterminé à ne pas se soumettre toute sa vie, Baptiste s'était juré de fuir son village auvergnat. Et, dès qu'il avait obtenu son certificat d'études, il avait allégué une vocation pour la mécanique et pour les trains, afin de justifier son départ vers Paris. Il avait réussi à se faire engager par la prestigieuse Compagnie des chemins de fer Paris-Lyon-Méditerranée comme ouvrier ajusteur et, très vite, avait été promu mécanicien puis chauffeur de locomotive.

Lorsqu'il avait fait la connaissance de Germaine, il avait été rassuré par le besoin de tendresse paisible qu'elle dégageait et qui faisait écho au sien. Il s'était abandonné à cet amour. Même le déclenchement de la Première Guerre mondiale, au mois de juillet 1914, n'avait pu altérer ce bonheur nouveau puisque, en sa qualité de chauffeur de locomotive, il était dispensé d'aller au front : le pays avait besoin de lui pour conduire les autres hommes au combat…

C'est donc sereinement qu'il s'était marié, le 17 août 1914. Cinq mois plus tard, quand naît Violette, le couple est stable et sereinement amoureux. Germaine et Baptiste rivalisent pour choyer celle qui restera leur unique enfant. Soucieux de lui offrir tout le confort qui est à leur portée, ils déménagent pour s'installer dans un immeuble neuf, rue de Madagascar, dans le 12e arrondissement de Paris. Un petit appartement de deux pièces, situé au dernier étage sans ascenseur mais tout de même doté de lieux d'aisances, ce qui n'est pas si courant en ces années 1920. Germaine s'efforce de décorer au mieux ce nouveau logement.

Quand Violette atteint les six ans, on l'inscrit à l'école communale. Là, la gamine séduit ses institutrices avec la même application qu'elle met à satisfaire ses parents. Elle apprend très vite à lire, a d'excellentes notes dans toutes les matières et obtient brillamment le certificat d'études, diplôme qui sanctionne souvent la fin de la scolarité, surtout pour les filles. Mais les enseignantes conseillent unanimement à Germaine et Baptiste de consentir quelques sacrifices pour que leur fille poursuive ses études, car il serait dommage de faire entrer en apprentissage une enfant aussi brillante.

Les parents, qui ne demandent pas mieux, inscrivent Violette à l'école primaire supérieure Sophie-Germain, en rêvant qu'elle devienne un jour professeur. Hélas, l'adolescente ne tiendra pas les promesses de la fillette.

Une adolescence perturbée... et perturbante !

À peine Violette entame-t-elle sa scolarité dans cette école primaire supérieure qu'elle cumule les soucis de santé : une appendicite, puis un mal-être général qui se traduit par des vertiges, des maux d'estomac, etc. Ses parents s'inquiètent et préfèrent qu'elle perde une année scolaire au lieu de traîner cette faiblesse générale. Ils l'envoient donc se revigorer à Neuvy-sur-Loire, chez la mère de Germaine. Sans se douter que, dans cette commune rurale, leur fille va expérimenter de nouveaux plaisirs. Libérée de la surveillance paternelle, elle participe aux fêtes villageoises et aux bals des environs, découvrant l'ivresse de troubler les garçons.

À la rentrée suivante, elle est censée reprendre sa scolarité mais elle a perdu sa motivation. Elle passe plus de temps aux abords des lycées de garçons qu'à l'école Sophie-Germain, au point que la directrice finit par convoquer Germaine et la sidère en lui apprenant que sa fille manque des cours et multiplie les premiers flirts... Sommée de s'expliquer, Violette ne nie même pas. De sorte que sa mère ne trouve pas d'autre solution, pour éviter une scène avec le père, que de dissimuler les écarts de l'adolescente, en espérant que ce ne soit qu'une crise passagère. Elle ne montre pas non plus à Baptiste les bulletins scolaires, dont les notes dégringolent et qui mentionnent, en termes pudiques, l'inconduite de l'adolescente. D'ailleurs, celle-ci retombe malade et doit de nouveau interrompre sa scolarité. La directrice en profite pour la renvoyer définitivement.

Violette utilise cette nouvelle liberté pour prendre un premier amant, qui la déçoit mais ne la décourage pas de poursuivre son exploration des désirs, bien au contraire. Ignorant autant les plaisirs charnels que les sentiments amoureux, elle noue des liaisons plus ou moins régulières avec des garçons qu'elle se plaît à tromper, manipuler et, surtout, dominer. Pour justifier ses retards ou ses absences devant ses parents, elle invente toujours de nouvelles excuses : c'est peut-être même là ce qui l'excite le plus, car ainsi se sent-elle supérieure à eux, qui se sont toujours satisfaits d'une vie ordinaire.

Germaine préfère ne pas penser à ce que fait sa fille, et Baptiste ne se doute toujours de rien. Seuls les voisins critiquent à voix basse le comportement de l'adolescente, scandaleux pour l'époque, ce qui ne fait que conforter Violette dans sa certitude d'être exceptionnelle.

Elle est désormais inscrite au lycée Voltaire et y suit négligemment quelques cours. Pour avoir la paix, elle intercepte les courriers du lycée censés informer ses parents de ses (multiples) absences, et elle maquille un peu les bulletins scolaires. Jusqu'au jour où sa mère ouvre avant elle la boîte aux lettres, mais, là encore, Violette trouve une excuse. Elle raconte que ses professeurs la rejettent parce qu'elle est fille d'ouvrier. Les parents choisissent de la croire et la changent encore une fois d'établissement. Désormais, elle ira au lycée Fénelon. Ou plutôt : elle y sera inscrite.

Ce lycée est situé au cœur du Quartier latin, réputé pour ses cafés, ses apprentis philosophes, ses étudiants en révolte, etc. En fréquentant des jeunes gens négligemment fortunés, à l'opposé du milieu modeste des Nozière, Violette découvre le monde dont elle rêvait déjà, et préfère tenter de s'y intégrer que de poursuivre des études laborieuses.

Un soir, Baptiste surprend sa fille en train d'embrasser un garçon. Il la ramène furieusement à la maison et lui fait des reproches, ponctués par les sanglots de sa femme. Pour mettre un terme à cette scène, Violette promet de s'amender, de redevenir l'enfant sage qu'elle a été et, comme c'est exactement ce qu'espéraient ses parents, toute la famille se réconcilie.

Brièvement. Car, peu après, Violette est prise en flagrant délit de vol dans une librairie. Le libraire prévient les Nozière et accepte de ne pas déposer plainte, à condition qu'on lui donne de l'argent. Baptiste s'exécute en rougissant, et fait de nouveaux reproches à sa fille qui s'enfuit le lendemain matin en laissant un mot, où elle annonce qu'elle va se jeter dans la Seine. Panique rue de Madagascar… jusqu'à ce que les policiers alertés retrouvent la jeune fille, attablée dans une brasserie !

Désormais, les Nozière n'osent plus rien dire à leur fille, mais ils la retirent du lycée et l'inscrivent à des cours par correspondance qu'elle pourra suivre à la maison, sous la surveillance de Germaine.

Oui, mais Violette retombe malade et a des ganglions dans le cou. Un professeur de médecine lui assène son diagnostic : elle a attrapé la syphilis. Une maladie qu'on qualifiait encore de « honteuse » et qui pouvait générer des troubles cardiovasculaires ou nerveux, voire conduire à la folie. Pour en limiter les effets, Violette doit être suivie deux fois par mois à l'hôpital Bichat. Il lui faut donc bien l'avouer à ses parents. Mais elle trouve un stratagème pour ne pas encourir de nouveaux reproches : elle leur explique que cette maladie est héréditaire et peut sauter une ou deux générations. Et, pour leur prouver qu'elle ne méritait pas d'être atteinte par une telle affection, elle convainc leur médecin de famille, le docteur Déron, d'attester qu'elle est toujours vierge. Grâce à quoi, les Nozière la regardent comme une victime et se disputent en cherchant lequel des deux a bien pu transmettre cette maladie à l'innocente Violette.

Désormais, quand la jeune fille a besoin de liberté, elle prétend devoir consulter le docteur Déron. Et puis, au point où elle en est, elle invente à cet obligeant médecin une sœur, qui se serait prise d'une affectueuse pitié pour elle au point de l'inviter fréquemment, tantôt pour une soirée à l'opéra ou au théâtre, tantôt pour un repas chez ses parents, dans le quartier résidentiel de Passy.

Les Nozière, qui ont renoncé à voir leur fille poursuivre de brillantes études, jugent cette amitié inespérée. Dans le sillage de la chère demoiselle Déron, Violette devrait acquérir de la distinction, faire des rencontres convenables et peut-être finir par épouser un médecin. Ils ne peuvent imaginer que la sœur du docteur n'a jamais existé, et que Violette utilise cet alibi pour retrouver sa liberté, sans surveillance et sans principes.

Elle s'installe dans les cafés et noue des conversations avec ses voisins de table. Pour parfaire son apparence, elle s'invente une famille idéale : un père ingénieur et une mère Première chez Paquin. Elle-même serait modéliste, ou mannequin, suivant les jours et les interlocuteurs.

Mais ce mode de vie coûte cher. Alors, Violette use de tous les subterfuges pour trouver de l'argent. Parfois, elle en demande à sa mère en lui expliquant qu'elle ne peut pas laisser la sœur du docteur Déron toujours payer à sa place. Sinon, elle puise dans les économies de ses parents, mais ceux-ci finissent toujours par s'en apercevoir et lui font des scènes. Aussi le plus facile est-il de se faire remettre de l'argent par ses amants.

Un reste d'éducation lui interdit d'arpenter le bitume en interpellant les passants ; elle n'ira jamais jusque-là. Mais elle a appris à flâner au rythme de celles qui n'ont rien de précis à faire, ce qui encourage les hommes à l'aborder. Elle les suit et, après un moment d'intimité, leur explique qu'elle aimerait s'offrir un caprice, une robe ou du parfum. Le procédé est efficace : comblés et fiers d'avoir plu à cette jeune femme, la plupart de ces messieurs lui abandonnent l'argent dont elle a besoin. Elle revoit régulièrement les plus généreux, et dédaigne ceux qui n'ont pas voulu l'aider. En somme, elle se sentirait parfaitement heureuse sans la surveillance de ses parents…

Les empoisonnements

Le 23 mars 1933, Violette n'y tient plus : elle entreprend de se débarrasser de Baptiste et Germaine. Pour y parvenir, elle utilise son arme favorite : le mensonge. Elle se rend dans une pharmacie et prétend souffrir d'insomnies, avec assez de conviction pour qu'on lui délivre du Soméral. Ensuite, elle va s'attabler dans le coin le plus à l'écart d'une brasserie et écrase méticuleusement les cachets, qu'elle répartit en deux sachets pour les donner à ses parents « de la part du docteur Déron », sous prétexte de leur éviter une contamination toujours possible. Baptiste et Germaine ingurgitent en toute confiance ce prétendu remède, avant d'aller se coucher. Violette les embrasse et leur souhaite, non sans ironie, de bien dormir…

Dans la nuit, elle se relève et met le feu à la moulure de bois qui entoure le fil électrique du vestibule, de façon à créer un début d'incendie qui, selon elle, fera croire que ses parents sont morts asphyxiés par la fumée. Mais les flammes s'emparent d'un rideau et prennent une ampleur effrayante, au point que Violette doit appeler un voisin au secours. Celui-ci prévient les pompiers, qui transportent Germaine à l'hôpital Saint-Antoine, tandis que Baptiste reprend péniblement connaissance. Violette bredouille que tout est arrivé à cause d'un court-circuit puis, en constatant que pour une fois on ne la croit pas, elle change précipitamment de version et avoue avoir mis elle-même le feu au rideau – accidentellement, bien sûr. L'incident est clos.

La jeune fille reprend sa vie de plaisirs, avec de nouveaux amants, interchangeables. Jusqu'au jour où l'un d'eux lui présente un copain, étudiant en droit : Jean Dabin. Violette s'éprend passionnément de ce garçon grand et mince, attendrissant avec son accent du Sud-Ouest. Elle n'a même pas de relations sexuelles avec lui, craignant qu'il ne la traite de fille facile, et aussi parce qu'elle veut faire des tests médicaux pour être sûre de ne pas lui transmettre la syphilis. Mais dès qu'elle n'est plus contagieuse, ils nouent une liaison aussi ardente que fidèle, flirtant dans les cafés et s'aimant dans une chambre d'hôtel.

Seul problème : Jean Dabin est étudiant et son chef de gare de père ne lui donne que peu d'argent de poche. Violette doit donc impérativement l'aider, pour rester fidèle à son personnage de mannequin fortunée. Aussi recommence-t-elle à attirer discrètement le passant et à se faire « prêter » de l'argent, qu'elle remet ensuite à Jean et qui sert à régler leur chambre d'hôtel, leurs verres dans les brasseries, etc.

Lorsque, au mois d'août 1933, Jean lui annonce qu'il doit accompagner ses parents aux Sables-d'Olonne pour les vacances, Violette est bien plus désespérée que lui par la perspective de cette séparation – mais, très vite, elle se ressaisit et jure de l'y rejoindre. Avec assez d'argent pour qu'ils puissent s'échapper quelques jours, seuls tous les deux… Jean ne s'étonne pas : on lui a dit que les Nozière gagnaient bien leur vie, et il n'est pas homme à se poser des questions.

Malheureusement, Violette a surestimé ses charmes, ou sa force de persuasion. Aucun de ses « mécènes » habituels n'accepte de lui abandonner la somme nécessaire à la location d'une voiture et à un séjour en bord de mer. Exaspérée, elle en arrive à crocheter l'armoire de ses parents pour s'emparer du reste de leurs économies. Mais le butin la déçoit : il lui permet tout juste d'acheter quelques babioles pour elle et Jean.

Quand Germaine découvre la serrure de l'armoire fracturée, elle la fait réparer en cachette de son mari, dont elle redoute la réaction. Et elle essaie d'amadouer sa fille en lui expliquant qu'ils ont placé de l'argent en banque, pour le jour où elle se mariera. Une somme inespérée… qui permettrait surtout à Violette de passer de belles vacances avec Jean ! Aussi, le 21 août 1933, décide-t-elle de nouveau d'empoisonner ses parents. Elle retourne dans la même pharmacie pour se faire délivrer du Soménal mais, cette fois, elle insiste pour en acheter deux tubes, sous prétexte qu'elle va partir en vacances et craindrait de ne pas en trouver dans les pharmacies du bord de mer. Elle raconte la même fable dans une autre officine où, en plus d'un troisième tube de somnifères, elle demande un flacon de sels de magnésie : un complément alimentaire parfaitement anodin.

Puis, elle réduit les cachets de Soménal en poudre qu'elle glisse dans deux sachets de papier identiques. Elle fait de même avec le sel de magnésie, qu'elle verse dans un troisième sachet, celui-ci marqué d'une croix. Si, au dernier moment, elle avait eu des scrupules à empoisonner ses parents, elle les aurait oubliés, car à son retour elle doit affronter leur colère. En l'absence de leur fille, ils ont découvert qu'elle leur avait encore volé de l'argent. Et, en fouillant dans ses affaires pour tenter d'en récupérer une partie, ils ont trouvé des lettres d'amour compromettantes, sur lesquelles ils exigent des explications.

Sachant qu'elle n'aura plus à les supporter longtemps, Violette interprète le rôle qu'ils attendent sans plus y croire. Elle prétend s'être emparée de leurs économies pour payer ses soins médicaux. Et elle avoue avoir un amant, mais un seul, et qui serait prêt à l'épouser. Après quoi, elle remet à ses parents les sachets de « médicaments ». Ni Baptiste ni Germaine ne s'étonnent que des remèdes aussi puissants soient distribués dans des sachets de papier. Baptiste avale tout, sans se poser de question. Et si Germaine en jette la moitié, c'est seulement parce qu'elle trouve le breuvage trop amer.

À peine sont-ils endormis que Violette les fouille et s'empare de tout l'argent qui leur restait, sans scrupule, puisqu'ils ne devraient plus se réveiller. Elle part passer la soirée dans des cafés, puis loue, pour dormir, la chambre d'hôtel où elle a l'habitude de retrouver Jean.

Le lendemain, elle va chercher sa meilleure amie et l'entraîne avec elle dans les boutiques de luxe. Elle lui offre un parfum et s'achète d'autres vêtements, ivre de détenir plus d'argent que jamais. Le soir, elle invite son amie à La Coupole, où toutes deux rencontrent des garçons qu'elles suivent en boîte de nuit.

Au petit matin, en rentrant rue de Madagascar, Violette trouve ses parents inertes. Pour que son double crime soit parfait, elle élabore une mise en scène : elle les déshabille et les porte jusqu'à leur lit, pensant faire croire qu'ils se sont asphyxiés en dormant, puis elle va ouvrir le robinet du gaz et court sonner chez le voisin (toujours le même !), en se prétendant inquiète parce que ses parents ne répondent pas à ses coups de sonnette et qu'une odeur de gaz filtre à travers la porte. Le voisin se précipite, sent le gaz et prévient les pompiers, qui font transporter Germaine à l'hôpital Saint-Antoine mais ne peuvent plus rien tenter pour sauver Baptiste.

Violette sanglote avec toute la force du désespoir prévisible chez une jeune fille qui vient de perdre ses parents. En réalité, elle s'inquiète surtout de ce que racontera sa mère si on parvient à la sauver… D'ailleurs, le commissaire venu sur place note déjà des contradictions qui le font douter de l'accident. Et encore ne sait-il pas qu'à l'hôpital Saint-Antoine, les médecins ont constaté que Germaine n'avait pas d'oxyde de carbone dans le sang, comme ç'aurait été le cas si elle avait vraiment été asphyxiée. Ils en concluent qu'elle a été empoisonnée... Comprenant qu'on la soupçonne déjà, Violette s'enfuit !

Elle dort à l'hôtel et erre dans Paris. En fait, elle gagne du temps, car elle voit sa photo à la une des journaux et lit qu'elle est recherchée pour avoir empoisonné son père et tenté de tuer sa mère. Afin de subsister, elle noue encore de brèves aventures avec des hommes à qui elle « emprunte » de l'argent. Jusqu'à ce que l'un d'eux s'étonne de son incroyable ressemblance avec « celle qui a empoisonné ses parents »... Elle proteste mais le garçon, dubitatif, lui propose de la revoir et va prévenir la police. Ce sont des agents qui se rendront à sa place au rendez-vous et qui procéderont à l'arrestation de Violette, au soir du 28 août 1933.

L'instruction

Devant le juge d'instruction, la jeune femme sent qu'il serait inutile de nier. Elle reconnaît donc avoir voulu empoisonner son père, mais non sa mère. Et elle finit par raconter que Baptiste abusait d'elle depuis ses douze ans. Elle ajoute n'avoir jamais pu s'en plaindre à quiconque, de peur que sa mère ne souffre trop ou, pire, qu'elle ne la croie pas. Elle aurait tout subi jusqu'à ce qu'elle s'éprenne de Jean Dabin. C'est pour se libérer de cette relation incestueuse et se régénérer auprès de Jean qu'elle aurait tenté d'empoisonner son père au mois de mars dernier, et récidivé le 23 août.

Dans l'espoir de convaincre le juge d'instruction, elle multiplie les détails. Elle explique que son père utilisait un morceau de chiffon pour éviter de la mettre enceinte, elle indique où est ce chiffon – et en effet, on l'y retrouve, auréolé de sperme. Elle ajoute que son père s'excitait en regardant un cahier de chansons grivoises, conservé dans la table de nuit, et des gravures érotiques dissimulées au-dessus de l'armoire de la chambre. La police s'empresse de perquisitionner rue de Madagascar et trouve en effet le cahier et les dessins, aux emplacements indiqués. Alors, Baptiste aurait-il été saisi à son tour des mêmes pulsions qu'il avait combattues chez son propre père ?

Le plus vraisemblable est que Violette ait tout inventé pour justifier son double crime, sinon, elle n'aurait pas eu besoin de se faire délivrer un faux certificat de virginité lorsqu'elle s'est sue syphilitique. C'est ce qu'explique Germaine lorsqu'elle est entendue par le juge d'instruction. Elle reconnaît que son mari utilisait un chiffon comme contraceptif de fortune, mais c'était avec elle qu'il s'en servait. Elle se souvient aussi du recueil de chansons et des dessins libertins que Baptiste conservait, en effet, mais elle pense que Violette aura aperçu ces objets lorsqu'elle fouillait leur appartement à la recherche de leurs économies.

Désormais, Germaine n'est plus la mère indulgente qui dissimulait les fautes de sa fille. Elle ne lui pardonne pas d'avoir empoisonné Baptiste, et encore moins de le déshonorer en l'accusant de relations incestueuses. Dès leur première confrontation, elle ordonne à Violette de se suicider ! Après quoi, elle se constitue partie civile contre elle. Non pas pour obtenir des dommages et intérêts, mais pour pouvoir contester devant la cour d'assises toutes les calomnies de sa fille contre le défunt

Baptiste. Elle insiste aussi sur le fait que, le soir de l'empoisonnement, Violette a donné à ses parents deux sachets absolument identiques remplis de Soménal, ce qui confirme qu'elle avait prémédité leur mort à tous les deux, dans le seul but d'hériter de leurs économies.

Violette reste stupéfaite par l'hostilité de sa mère. Mais, pour elle, la pire punition reste de ne plus revoir Jean Dabin et de comprendre qu'il la rejette, lui aussi, puisqu'il ne répond à aucune de ses lettres. Ce garçon avait noué une liaison facile avec une jeune fille… tout aussi facile, qui se montrait disponible et payait pour lui les cafés et l'hôtel. Il en a profité, sans se douter qu'elle allait devenir scandaleusement célèbre comme empoisonneuse ni que toute la presse évoquerait leur liaison. Lui qui était un étudiant sérieux se voit convoqué chez un juge d'instruction, obligé d'expliquer qu'il ignorait tout des projets criminels de Violette et qu'il n'était même pas à Paris lorsqu'elle a empoisonné son père. Même si rien ne peut lui être reproché pénalement, il se voit exclu de la faculté de droit après un conseil de discipline et doit renoncer à devenir avocat. De plus, ses parents lui reprochent d'avoir déshonoré leur nom en s'étant fait entretenir par une criminelle.

Rejeté et méprisé, il ne trouve d'échappatoire qu'en s'engageant dans l'armée coloniale. Très vite, il y contractera une maladie tropicale et sera rapatrié à l'hôpital du Val-de-Grâce, pour y mourir le 27 octobre 1937.

Le jugement

Le procès de Violette Nozière devant la cour d'assises de la Seine s'ouvre le 10 octobre 1934. Il durera trois jours, même s'il est prévisible, dès le début, que l'accusée sera condamnée à mort, tant son crime a été médiatisé. La presse a joué de l'engouement que suscitent les faits divers en général et les empoisonneuses en particulier, en publiant de nombreuses photos de l'accusée et en insistant sur son absence de moralité.

Même les accusations qu'elle a portées contre son père n'ont pas fait d'elle une victime mais, au contraire, une calomniatrice. Seuls quelques artistes célèbrent sa liberté de mœurs et sa volonté de jouir sauvagement de la vie. André Breton, Paul Éluard et d'autres poètes publient à sa gloire un recueil de textes illustré par Salvador Dalí, René Magritte et Max Ernst. Mais l'admiration des surréalistes ne contribue pas à améliorer la réputation de la jeune parricide auprès du grand public.

Germaine sait, elle aussi, que sa fille va être condamnée, aussi ravale-t-elle sa rancœur pour proclamer qu'elle n'a plus de haine envers elle.

Malgré l'habileté du jeune avocat chargé de la défendre, le jury la condamne à mort. Et sa sentence provoque un dernier sursaut de révolte chez Violette, qui crache en réponse : « Vous êtes des saligauds sans pitié, voilà ce que vous êtes ! »

Une réhabilitation inattendue

Le jour de Noël 1934, Albert Lebrun, président de la République, accorde sa grâce à Violette Nozière, qui voit sa peine « allégée » en condamnation aux travaux forcés à perpétuité. Elle quitte alors la prison de la Petite Roquette pour aller purger sa peine à la maison centrale de Haguenau. Avant de partir, elle a connu l'apaisement de recevoir au parloir la visite de sa mère, et leurs larmes à toutes deux ont noyé leur ressentiment.

En maison centrale, les détenues sont isolées et n'ont pas le droit de se parler, même durant les heures de promenade. Pour la première fois de sa vie, Violette se soumet aux règles imposées, et elle le fait avec une aisance qui lui gagne tout à la fois la confiance des autres détenues et la bienveillance des surveillantes. En quête d'apaisement, dès le mois d'octobre 1937, elle reconnaît même officiellement que les accusations portées contre son père étaient mensongères, uniquement destinées à justifier son crime.

Gagnée par la religion, elle affirme vouloir entrer dans les ordres et devenir sœur missionnaire si on lui accorde un jour une libération. Durant la Seconde Guerre mondiale, elle est transférée à la maison centrale de Rennes, où elle se signale de nouveau par sa conduite exemplaire. Au point que, dès 1942, le maréchal Pétain accepte à titre exceptionnel de réduire sa condamnation aux travaux forcés à une durée de douze ans. Et encore bénéficiera-t-elle, en sus, d'une libération conditionnelle dès le 29 août 1945.

Mais Violette ne deviendra pas religieuse comme elle l'avait promis. Car, en prison… elle a séduit Pierre Coquelet, fils d'Eugène Coquelet, le greffier de la prison[1]. Pierre est marié, mais prêt à divorcer pour vivre avec elle. Les frères dominicains protestent, rappellent à l'empoisonneuse que c'est grâce à leur influence qu'elle a pu obtenir tant de mansuétude de la justice, mais Violette tient bon.

1. Il s'appelle Pierre Benjamin Coquelet, et non pas « Garnier » comme l'indiquent par erreur plusieurs biographies de Violette Nozière.

Libérée, elle part s'installer à Paris où elle obtient un emploi de comptable et cohabite bientôt avec Pierre, qui obtient son divorce le 22 novembre 1946. Dès le 16 décembre suivant, Violette et lui se marient à Neuvy-sur-Loire, sous le regard humide de Germaine, émue d'entendre sa fille lui proposer de venir vivre avec eux. Bientôt, Germaine pourra même s'occuper de Michèle, la première fille de Violette, qui naît le 17 mars 1947, et qui sera suivie de quatre garçons.

Le couple assume sans faiblir de nouvelles difficultés, dont un accident de moto qui laisse Pierre handicapé. Pour subsister, Violette et sa mère prennent en gérance un hôtel à Clamart, puis un autre en Normandie. Mais Pierre a un deuxième accident, de voiture cette fois, et laisse Violette veuve le 30 juin 1961. Désespérée, la mère de famille a à cœur de continuer à travailler pour assurer le confort de ses enfants, même si elle développe un cancer du sein.

Parallèlement, elle multiplie les démarches pour obtenir sa réhabilitation, qui est finalement prononcée par la cour d'appel de Rouen le 18 mars 1963. Désormais, elle peut s'enorgueillir d'avoir un casier judiciaire vierge. Mais la presse s'empare de cette décision considérée comme surprenante, sinon scandaleuse, de sorte que les enfants apprennent sans y avoir été préparés le passé d'empoisonneuse de leur mère... Ils ne l'en aiment que davantage !

Violette plastronnerait, si elle n'était pas minée par son cancer qui a maintenant atteint les os. Habituée à lutter contre le sort et à gagner, elle entreprend un pèlerinage à Lourdes, mais le dernier miracle attendu n'a pas lieu. Elle meurt le 26 novembre 1966. Elle est enterrée dans le caveau de sa famille, à Neuvy-sur-Loire, entre son père et son mari. Sa mère l'y rejoindra deux ans plus tard, le 5 septembre 1968, pleurée par ses petits-enfants.

En somme, tout est rentré dans l'ordre.

Marie Davaillaud, veuve Besnard

(1896-1980)

Celle qui est devenue célèbre sous le surnom ironique de « bonne dame de Loudun » n'est justement pas née à Loudun mais à Saint-Pierre-de-Maillé, petite commune de la Vienne, dans la région dite Nouvelle-Aquitaine.

Lorsque vient au monde la future Marie Besnard, la France est un pays majoritairement agricole et la Vienne un département rural. Ses parents, Pierre et Marie-Louise Davaillaud, sont cultivateurs. Ils ont perdu un premier fils durant l'accouchement, et leur deuxième fils est mort juste après sa naissance.

Deux mariages… et beaucoup d'enterrements !

Craignant de ne jamais avoir d'enfants bien portants, ils ont accompli pèlerinages et neuvaines pour s'attirer la bienveillance divine et ils s'estiment exaucés lorsque, le 15 août 1896, jour de la fête de la Vierge, naît une fille, viable. En signe de gratitude, ils la prénomment Marie.

Ils veillent sur elle avec autant d'affection que d'inquiétude puis, dès qu'elle a l'âge d'aller à l'école, ils estiment convenable de la mettre en pension au couvent d'Angles-sur-l'Anglin. Elle doit toutefois en partir avant la fin de sa scolarité parce qu'en ce début de XXe siècle, le gouvernement anticlérical d'Émile Combes interdit aux congrégations religieuses de dispenser un enseignement. Sans conviction, M. et Mme Davaillaud inscrivent la jeune Marie à l'école publique puis, sous prétexte qu'elle souffre de fièvres typhoïdes, lui font définitivement abandonner sa scolarité.

Après une enfance choyée, Marie vit à seize ans un premier amour tragique avec Alfred Gonneau, un garçon appelé à participer à la Première Guerre mondiale, qui est tué dès le mois de septembre 1914. Mais elle refait des projets de mariage avec l'un de ses cousins germains, Auguste Antigny. Les parents désapprouvent l'idylle en raison des liens de consanguinité dont risqueraient de pâtir les futurs enfants du couple, et surtout parce qu'Auguste est tuberculeux. Mais Marie est amoureuse, et prévoit que la maladie évitera au moins à Auguste d'être envoyé au front comme Alfred. Elle menace donc de ne jamais se marier si on la sépare de son cousin, ce qui oblige les Davaillaud à céder.

Marie épouse Auguste le 6 avril 1920. Le couple partage sept ans de bonheur, malgré la mauvaise santé d'Auguste, qui est trop faible pour exercer le métier d'agriculteur et doit donc se contenter d'un emploi de gardien de château. Marie trouve humiliant le travail de domestique, mais elle se résigne à quitter ses parents et à suivre son mari pour servir, elle aussi. Pas longtemps, car Auguste est opportunément emporté par une hémoptysie, le 1er juillet 1927…

Sa veuve se montre désespérée, au point que son père lui conseille de s'éloigner pour oublier. Docilement, elle part se dépayser à Loudun, chez une parente qui est à la fois sa cousine et celle de son défunt mari. Celle-ci se nomme Louise Félicie Pascaline Antigny, mais toute la famille l'appelle « la cousine Pascaline ».

Bien sûr, il ne devrait s'agir que d'un bref déplacement, destiné à aider Marie à faire son deuil, selon l'expression de l'époque. Oui, mais la cousine Pascaline loue l'une de ses chambres à un célibataire qui s'est fâché avec ses parents, au point de ne plus supporter d'habiter la maison familiale. La rumeur ajoute perfidement que ce n'est pas l'unique raison pour laquelle il a choisi de loger chez Pascaline... D'ailleurs, les amants se cachent si peu que même le mari trompé commence à avoir des doutes. De sorte que, pour sauver son ménage, la cousine Pascaline demande à Marie de faire croire que c'est avec elle que le locataire entretient une liaison. Et, pour vaincre les scrupules de sa cousine, Pascaline croit habile d'ajouter qu'elle ne risque pas d'être jalouse d'elle !

Ce dernier argument vexe Marie, qui décide de se prouver que, même en grand deuil, elle peut encore être séduisante. Elle troque donc sa digne mantille noire de veuve contre un béret plus espiègle... Et quand Pascaline comprend que ses mensonges sont devenus réalité, il est trop tard. Marie et le locataire, Léon Besnard[1], ont décidé de se marier dès que sera achevé le délai de deuil de deux ans, imposé aux veuves par les bons usages. Marie paraît pressée, peut-être parce qu'elle a encore espoir de donner à ses parents l'héritier tellement désiré. À moins que ce ne soit parce que Léon Besnard est

1. Pour l'état civil, il se nomme Roger Marie Léon Besnard, mais tout le monde l'appelle « Léon ».

un célibataire convoité dans Loudun, où ses parents possèdent une corderie prospère.

Comme d'habitude, elle obtient ce qu'elle veut : son remariage est célébré le 12 août 1929, en présence de sa famille et même des parents d'Auguste Antigny, qui montrent ainsi leur attachement à leur ancienne belle-fille. Il ne manque à la noce que la famille du marié, toujours brouillée avec lui.

Maintenant qu'ils se sont juré de rester ensemble jusqu'à ce que la mort les sépare, selon la formule sacramentelle, Marie incite Léon à rédiger avec elle, dans le secret de la cuisine, un testament par lequel ils indiquent leur volonté concordante qu'en cas de décès de l'un des deux, le survivant hérite de tous les biens du ménage. Léon accepte, surtout pour rassurer son épouse qui a l'expérience du veuvage. Marie entreprend ensuite de réconcilier Léon avec ses parents, qui habitent juste à côté de chez eux, et avec sa sœur, qui loge de l'autre côté de la rue. Elle invite donc chaleureusement chez elle tous les Besnard, ce qui lui confère dans Loudun une image bienveillante… ou manipulatrice !

Désormais, Marie a l'esprit en paix. Elle supplante Léon dans la gestion de la corderie familiale, qu'elle fait prospérer car elle sait fidéliser ses clientes, notamment en écoutant leurs confidences. Avec les bénéfices obtenus, elle et Léon se portent acquéreurs, à Loudun, d'un hôtel et de plusieurs maisons et commerces. Leur seul regret reste de n'avoir pas d'enfants, encore que… Marie est ainsi plus disponible pour aider sa famille et celle de son mari. Elle soutient ses beaux-parents, jusqu'à ce que Léon se fâche de nouveau avec eux, encore pour des raisons financières, à cause d'une grand-tante morte en léguant tous ses biens à la mère et à la sœur de Léon. Exclu de l'héritage, Léon condamne une deuxième fois la porte qui reliait sa maison à celle de ses parents.

Pour compenser cette rupture, Marie se rapproche d'une voisine, Mme Rivet, désemparée par la mort de son mari survenue après celle de son fils. Puis, lorsque Marie perd son père, en 1940, elle accueille à Loudun sa mère, qui n'aurait pas pu rester seule dans sa ferme. C'est à partir de ce jour que la vie des Besnard est scandée par une succession de deuils...

La grand-mère de Léon s'éteint le 2 septembre 1940.

Le père de Léon meurt le 19 novembre.

La mère de Léon suit son mari dans la tombe, dès le 16 janvier 1941.

Et la sœur de Léon est retrouvée pendue, chez elle, le 27 mars suivant.

Mme Rivet, l'amie de la famille, décède à son tour le 27 décembre 1941, non sans avoir choisi Marie pour légataire universelle, en signe de gratitude pour tous les soins généreusement prodigués...

Marie et Léon profitent de tous ces héritages. Ils déménagent pour aller habiter la maison des parents Besnard, mitoyenne de la leur mais plus grande, et Marie insiste pour louer leur ancien domicile à deux vieilles cousines du père de son mari, Pauline et Virginie Lalleron.

Pauline meurt le 1er juillet 1945 en léguant tout son patrimoine à sa sœur, qui convoque aussitôt un notaire pour rédiger un testament au bénéfice des Besnard, et qui meurt à son tour le 9 juillet 1945... Néanmoins, ces décès ne suscitent encore aucune suspicion dans Loudun. Même si les commérages colportent que les

Besnard réservent leur dévouement aux gens qui n'ont pas d'héritiers, on fait plutôt mine de les plaindre de perdre tant de proches et, si on les jalouse un peu, c'est juste parce qu'ils sont « à l'aise ».

Mais une autre dame a sympathisé avec les Besnard et, pour une fois, ce n'est pas à l'initiative de Marie. Elle s'appelle Louise Pintou, elle arbore une élégance aussi désuète qu'affectée et travaille à la poste de Loudun. Elle est divorcée, reconnaît en minaudant mener une vie sentimentale chaotique et se vante notamment d'avoir eu pour amant Joseph Massip, propriétaire avec son frère du château de Montpensier. Faute d'avoir réussi à se faire épouser par l'un des frères Massip, elle s'insinue dans le foyer morose des Besnard. À Marie, elle transmet en avant-première les indiscrétions qu'elle a pu surprendre... et, à cette époque où le téléphone est très rarement installé chez les particuliers et où n'existent évidemment ni portables ni boîtes de messagerie, le bureau de poste s'avère un lieu de surveillance privilégié, puisque c'est là que les gens de Loudun vont passer un appel téléphonique, envoyer un télégramme voire récupérer, aussi discrètement que possible, des lettres en poste restante. Bref, Louise Pintou se proclame la grande amie de Marie Besnard... afin qu'on ne remarque pas ses manœuvres pour devenir la petite amie de son mari !

Léon la juge cancanière et maniérée. Pourtant, à partir du moment où Marie doit subir une hystérectomie, il se montre plus indulgent avec Mme Pintou et s'en rapproche timidement. Bien sûr, Marie remarque ce changement d'attitude, mais elle n'est pas jalouse et accepte même que Louise s'installe dans la maison héritée de la sœur de Léon. Ce qui fait courir des rumeurs dans Loudun, où l'on n'est pas habitué à une telle tolérance.

Toutefois ces commérages restent sans conséquence jusqu'à ce que, au début de l'année 1947, Léon tombe malade. En apparence, rien d'inquiétant : une simple grippe et un lumbago. Marie pallie de son mieux l'affaiblissement de son mari puis, comme Léon est de plus en plus fatigué, elle lui suggère de se faire aider en recrutant un valet de ferme. D'autant que, en ces années d'après-guerre, il reste encore dans des camps des prisonniers allemands, que les Français peuvent engager à moindre coût. La perspective d'économiser sur le salaire d'un commis décide Léon. Lui et Marie engagent donc Alfred Dietz, un vigoureux gaillard d'une vingtaine d'années.

Léon l'a choisi parce qu'il lui semble bien éduqué et énergique, mais il n'a pas remarqué combien il était beau. Mieux encore, son enrôlement forcé dans les services du IIIe Reich et les humiliations subies depuis la défaite ont fait de lui un garçon soumis, dont la docilité émeut les dames…

Alfred Dietz ne connaît rien aux travaux agricoles mais se montre avide d'apprendre, pour remercier les Besnard, chez qui il se trouve mieux traité que dans son ancien camp de prisonniers. Dès qu'il est arrivé, Léon a ordonné à Marie d'aller lui acheter au marché un pantalon et une chemise, afin qu'on ne risque pas de colporter dans Loudun qu'il exploiterait la détresse d'un prisonnier. Léon ne se doute pas que la présence au sein de son foyer de ce séduisant garçon va inspirer bien d'autres rumeurs à travers la ville.

C'était pourtant prévisible. Même si on doit se souvenir que Marie Besnard n'a pas eu d'enfants et qu'elle est délaissée par son mari, de sorte qu'elle a pu s'attacher de façon purement maternelle à ce jeune homme attendrissant, isolé de sa famille. D'ailleurs, Marie n'est pas la seule à le choyer. Louise Pintou rivalise avec elle pour complimenter « Adi » et le récompenser d'elle ne sait même pas quoi.

Les premiers mois, Alfred Dietz doit s'estimer comblé, entre ces dames qui le gâtent de leur mieux et Léon qui lui octroie même un jour de sortie, le dimanche, pour aller danser. Mais très vite, Marie prétend que des rumeurs accusent Alfred d'utiliser son congé pour séduire les jeunes filles des environs. Elle insiste, jusqu'à ce que Léon interdise au jeune homme de sortir sans eux.

Il ne tarde pas à regretter sa décision lorsqu'il constate que Marie et Louise Pintou, son épouse et sa maîtresse, qui cohabitaient jusqu'à présent en bonne harmonie, sont désormais jalouses l'une de l'autre ! Et l'homme-objet de cette rivalité, ce n'est pas lui, certes non, mais le prisonnier allemand ! Exaspéré, Léon menace de renvoyer Alfred Dietz dans son camp de prisonniers. Et, quitte à encourir la colère conjuguée de son épouse et de sa maîtresse, il le ferait, s'il n'était pas si las…

Au mois d'octobre 1947, il éprouve un brusque malaise et vomit son repas. Le médecin de famille diagnostique une crise de foie. Un autre déclare que c'est à cause de son taux d'urémie que Léon se sent si fatigué… Fatigué au point d'en mourir, le 25 octobre !

On ne connaîtra jamais ses dernières paroles. Si l'on en croit sa veuve, il lui aurait dit qu'il redoutait de lui laisser la responsabilité de gérer tous leurs biens, et qu'il partait inquiet de la savoir bientôt seule, face à des gens dépourvus de scrupules.

Rumeurs et soupçons

Toutefois, Louise Pintou présente une tout autre version. Léon lui aurait confié que, au moment où Marie lui avait servi de la soupe, il y avait déjà du liquide dans le fond de l'assiette... Qu'est-ce que cela pouvait être, sinon du poison ? Louise Pintou répand cette rumeur dans Loudun puis, faute de réactions, elle en informe le frère de son ancien amant, Auguste Massip, réputé pour adresser toutes sortes de lettres de dénonciation à la gendarmerie, à la police et même au président de la République. Bien sûr, Auguste Massip se passionne pour cette histoire, tellement plus pittoresque que les menus scandales habituels. Il soupçonne aussitôt un empoisonnement à l'arsenic et prévient les gendarmes. Toutefois, il a la maladresse d'indiquer que c'est Louise Pintou qui lui a répété les dernières paroles de Léon Besnard.

Mme Pintou se voit donc convoquée à la gendarmerie. Or, elle voulait bien faire courir dans le voisinage l'une de ces rumeurs dont on ne sait jamais d'où elles proviennent, mais elle refuse d'être identifiée comme l'accusatrice de Marie Besnard. Aussi revient-elle sur toutes ses insinuations. Elle nie avoir reçu des confidences de Léon, et même avoir parlé à Auguste Massip. Agacés, les gendarmes sont bien forcés de clore le dossier... L'affaire Marie Besnard manque de peu d'être classée sans la moindre enquête !

Cependant, deux événements viennent raviver la colère d'Auguste Massip et de Louise Pintou. D'abord, le 17 octobre 1948, un incendie se déclare au château de Montpensier, où demeurent les frères Massip. Ce château est situé à Vézières, à 306 kilomètres de Loudun, mais, malgré cette distance que Marie Besnard n'aurait pas pu franchir puisqu'elle n'a pas de voiture, Massip se convainc que c'est elle qui est responsable de ce sinistre. D'ailleurs, la rumeur rapporte qu'elle aurait prédit qu'un malheur surviendrait autour de l'anniversaire de la mort de Léon. Or, Léon est mort le 25 octobre 1947, et l'incendie s'est déclaré le 17 octobre suivant...

Ensuite, au mois de février 1949, la maison de Louise Pintou est cambriolée. Personne n'imagine la digne Mme Besnard s'introduisant de nuit chez Louise Pintou, mais on murmure dans Loudun qu'elle a pu souhaiter ce cambriolage. Ce qui promeut Marie au rang de jeteuse de sorts. Louise Pintou va déposer plainte et, sous le coup de la colère, elle reprend les accusations de Léon Besnard en expliquant que, si elle n'avait pas osé faire de déclaration la première fois, c'était juste par crainte du qu'en-dira-t-on...

Elle insiste assez pour que les gendarmes aillent perquisitionner chez Marie. De son côté, Auguste Massip multiplie les courriers d'indignation, adressés à la gendarmerie et même au ministre de la Justice. Au point qu'un juge d'instruction de Poitiers finit par mandater un inspecteur de police, avec mission de rechercher d'éventuelles preuves que Marie Besnard aurait fait cambrioler Louise Pintou. Ce dernier en profite pour enquêter sur la mort de Léon Besnard. Un an et demi après le décès, il demande donc (très sérieusement !) aux témoins de se souvenir si Marie a servi ce jour-là de la soupe, si c'était dans des assiettes et si l'une de celles-ci a pu contenir par avance un liquide suspect... Bien sûr, il n'obtient aucune réponse précise, mais ses questions suffisent à raviver les rumeurs.

Et, le 9 mai 1949, le juge d'instruction de Poitiers diligente officiellement une enquête sur la mort suspecte de Léon Besnard. Marie est de nouveau interrogée. Pour l'exhorter à avouer, les policiers lui font croire que son séduisant valet allemand aurait reconnu être son amant et savoir qu'elle aurait empoisonné son mari. Mais Marie déjoue le piège et demeure aussi muette qu'indifférente.

Deux jours plus tard, le docteur Guillon se rend au cimetière de Loudun pour effectuer des prélèvements sur le corps de Léon Besnard. Il remplit dix bocaux, qu'il envoie pour expertise au docteur Georges Béroud, médecin légiste réputé et directeur du laboratoire de criminologie de Marseille. Or, cet expert détecte dans les viscères du défunt un taux excessif d'arsenic. Auditionnée, Marie demeure égale à elle-même, n'avoue rien et se borne à répéter qu'elle ne comprend pas… Elle est tout de même incarcérée, dès ce soir-là, à la prison de Poitiers.

Expertises et contre-expertises

Son avocat sollicite immédiatement une contre-expertise, mais le docteur Béroud l'apprend par la presse et s'indigne que l'on puisse mettre en doute son rapport. De sorte que le juge d'instruction, inexplicablement embarrassé, cède à l'autorité de ce médecin prestigieux et refuse toute contre-expertise.

Pour ce magistrat, Marie est forcément coupable. Aussi prête-t-il volontiers l'oreille aux rumeurs concernant la cascade de décès survenus parmi la famille et les proches des Besnard : la grand-mère, la grand-tante, les parents et la sœur de Léon, les parents [1] et le premier mari de Marie,

1. La mère de Marie était morte entre-temps d'une grippe, le 14 janvier 1949.

ainsi que leurs amies Rivet et les cousines Lalleron. Tous ces défunts sont bientôt exhumés (y compris la sœur de Léon, qui s'est pourtant suicidée) et une partie de leurs viscères est envoyée pour expertise au docteur Béroud. Celui-ci rend un diagnostic global : empoisonnement à l'arsenic… même pour la sœur de Léon, peut-être parce qu'on a omis de lui préciser qu'elle s'était pendue.

Marie se voit ainsi inculpée de douze homicides volontaires, en plus de l'empoisonnement de son second mari. Dans l'euphorie des poursuites, elle a même failli être soupçonnée d'un quatorzième assassinat parce que le juge d'instruction avait ordonné l'exhumation d'une dame Martin, une voisine décédée officiellement d'une congestion cérébrale. Heureusement, le mari de la défunte a immédiatement protesté en écrivant à ce magistrat zélé que lui et sa femme venaient de s'installer à Loudun et ne connaissaient même pas Mme Besnard… Dans ce cas, au moins, une erreur judiciaire aura été évitée !

La presse contribue à la notoriété de Marie en publiant à la une de nombreuses photos d'elle, presque toujours coiffée d'une stricte mantille noire, le regard voilé derrière d'épais verres de lunettes. Même le commentateur judiciaire Frédéric Pottecher, qui s'était donné pour mission de la défendre, a admis par la suite qu'elle avait l'allure d'une empoisonneuse.

Toute la France de l'après-guerre s'interpelle et s'oppose avec des arguments contradictoires sur la véritable nature de la « bonne dame de Loudun » : bigote austère ou astucieuse criminelle ? Une seule personne demeure indifférente à la médiatisation de cette affaire : l'accusée ! Elle, elle se contente de répéter que l'on ne trouvera rien, puisqu'elle est innocente. Et elle se résigne patiemment à son sort, sans même protester contre le harcèlement qu'elle subit de ses codétenues, à qui l'on a promis des réductions de peine si elles arrivent à faire avouer l'empoisonneuse... Manœuvre qui confirme, au passage, que l'accusation manquait de preuves sérieuses!

Faute d'aveux, le juge d'instruction fait interroger Marie par des experts psychiatres, qui ne diagnostiquent aucune maladie mentale. L'un d'eux la décrit même comme « normale, tellement normale qu'elle est anormalement normale ».

C'est au cours du premier procès, devant la cour d'assises de Poitiers, que le prestige du docteur Béroud va s'effondrer, dans les pièges que lui tend l'avocat de Marie. Par exemple, il lui demande qui recevait, à Marseille, les bocaux de prélèvements de viscères envoyés de Poitiers. Le docteur Béroud répond fièrement qu'il s'en chargeait lui-même, et se trouve donc d'autant plus embarrassé quand l'avocat démontre qu'il est arrivé à Marseille davantage de bocaux qu'il n'en était parti de Poitiers.

L'avocat ajoute que, si l'on se fonde sur les calculs du docteur Béroud à propos de la proportion d'arsenic ingérée par les prétendues victimes, l'une d'elles devait porter environ six kilos de cheveux sur la tête! Ensuite, il rappelle que le docteur Béroud s'est vanté de savoir identifier à l'œil nu ce qu'on appelle les « anneaux de Marsh », substance qui ne peut provenir que de la décomposition de l'antimoine ou de l'arsenic. Il ajoute que Béroud a affirmé catégoriquement que lesdits anneaux, observés dans les viscères des défunts, émanaient tous de l'arsenic. Et il lui tend six éprouvettes en lui demandant de désigner celles qui, au jour de l'audience, contiennent de l'arsenic. Le docteur Béroud observe les éprouvettes et en désigne catégoriquement deux qui, selon lui, sont saturées d'arsenic... Perdu !

L'avocat révèle aux jurés en riant que les six éprouvettes contenaient toutes des anneaux de Marsh provenant de l'antimoine et non de l'arsenic, avec, à l'appui, une attestation du laboratoire qui les a composées. Béroud blêmit et sollicite une interruption d'audience tant il se sent atteint dans la partie la plus sensible de son organisme : la fatuité.

Le lendemain, il se prétend malade pour ne pas avoir à revenir à l'audience. C'est donc son assistant qui subit à sa place les questions (perfides) des avocats de l'accusée. Ceux-ci continuent de souligner les incohérences des rapports d'expertise, en lui demandant comment on a bien pu trouver et analyser « un œil et des vaisseaux sanguins » prélevés sur le corps de Virginie Lalleron, qui se trouvait à l'état de squelette...

Deux jours plus tard, quand le docteur Béroud est bien obligé de revenir déposer face au jury de la cour d'assises, il renonce à se justifier et préfère riposter qu'il n'est « pas là pour passer des examens ». Me Gautrat en profite pour redemander une contre-expertise, que la cour d'assises n'ose plus lui refuser.

Une fois encore, on doit exhumer les corps des parents, époux et amis de Marie Besnard pour effectuer de nouveaux prélèvements. Mais désormais, c'est sous le contrôle des avocats de l'accusée et sous les flashes des multiples photographes de presse, attirés par le succès médiatique de cette affaire. Tous découvrent à cette occasion la difficulté de procéder à des analyses précises et fiables, car certains tombeaux sont inondés. Les cercueils eux-mêmes sont décomposés et mentionnent rarement le nom du corps qu'ils renferment et qui n'est plus identifiable depuis longtemps.

Lorsque Me Gautrat se rend au greffe de la cour d'assises, il apprend que, lors des premières exhumations, aucune note n'a été prise sur le moment par les personnes présentes. C'est à cause de la médiatisation du procès que les greffiers ont reconstitué de leur mieux, bien plus tard, des comptes rendus prétendument datés du jour des faits. Stupéfait, l'avocat en profite pour déposer une requête en suspicion légitime et exiger que le procès soit délocalisé hors de la cour d'assises de Poitiers. En réponse, la Cour de cassation ordonne que Mme Besnard soit jugée par la cour d'assises de Bordeaux.

Coups de théâtre en cour d'assises

À Bordeaux, le deuxième procès s'ouvre le 15 mars 1954. Les journalistes s'étonnent que, durant toutes les auditions de témoins, Marie garde une main dans sa poche. C'est parce qu'elle y dissimule un chapelet, qu'elle égrène tout au long de l'audience.

La contre-expertise effectuée s'avère utile, car elle démontre que la terre des cimetières où ont été inhumés les proches de Marie contient bien de l'arsenic. Et, sur les treize corps exhumés, les experts estiment que sept n'ont sans doute pas été empoisonnés. Marie n'est donc plus jugée « que » pour six empoisonnements : ceux de son père, sa mère, son second mari et le père de celui-ci, son amie Blanche Rivet et la cousine Pauline Lalleron.

Devant cette cour d'assises, les voisins et amis de Marie Besnard sont appelés à témoigner. Ils en profitent pour colporter à la barre du tribunal les plus bas commérages. Par exemple, ils rappellent que Mme Besnard a troqué après la mort de son mari ses bas noirs contre des bas blancs, forcément pour séduire le valet de ferme allemand… Ou qu'elle offrait à ce prisonnier de guerre des cigarettes de luxe. Louise Pintou ajoute que Marie Besnard lui aurait confié que son mari avait étranglé sa sœur, celle que l'on a retrouvée pendue. Et que Léon, de son côté, l'aurait prévenue que Marie cherchait à l'empoisonner. Sans que personne ne pense à lui demander pourquoi, après avoir reçu de telles confidences de son amant, elle l'aurait laissé seul à la garde de Marie.

Plus embarrassant est le témoignage de Mme Rossignol : une voisine qui témoigne que, lorsqu'elle a décidé de divorcer, Mme Besnard lui aurait conseillé de plutôt empoisonner son mari à l'arsenic… Oui, mais on peut douter de l'authenticité de ses propos lorsque l'on sait que, justement, durant la procédure de divorce des époux Rossignol, Marie Besnard a témoigné en faveur du mari. Il est donc possible que Mme Rossignol cherche à se venger.

Plus sérieusement, il apparaît que les dernières analyses, pratiquées sur des prélèvements effectués longtemps après la mort dans des cercueils anonymes, ne s'avèrent guère plus fiables que celles du docteur Béroud.

C'est là qu'intervient un nouveau personnage : Louis Truffert, expert toxicologue. Il explique aux jurés que les contradictions et les multiples incidents accumulés dans cette procédure l'ont incité à réaliser des expériences pour vérifier la véracité des propos des experts déjà nommés. Il a fait macérer des cheveux dans une solution d'arsenic et a ainsi constaté que les cheveux peuvent s'imprégner d'une grande quantité de ce poison postérieurement à la mort, que cette quantité peut même dépasser celle contenue dans le liquide où ils ont macéré et que cet arsenic résiste à tous les lavages. Son expérience est déterminante puisqu'elle prouve que, même lorsque l'on détecte une proportion mortelle d'arsenic dans les cheveux d'un défunt, cela ne suffit pas à démontrer que le poison a été absorbé du vivant de la personne.

Il y a là de quoi bouleverser toute la cour d'assises : magistrats, jurés, témoins, et même la presse. Une seule personne ne semble pas étonnée : l'accusée ! Ses avocats demandent tout de même au président de la cour d'assises de Bordeaux de faire effectuer de nouveaux prélèvements et de diligenter de nouvelles analyses par un expert qui serait au-dessus de tout soupçon.

Ce que la cour ne peut qu'accepter. Au passage est même ordonné le placement de Marie Besnard en liberté provisoire, à condition toutefois qu'elle verse une caution d'un million deux cent mille francs. Somme énorme à l'époque pour cette femme qui doit assumer de lourds honoraires d'avocats, et dont les biens immobiliers ont été placés sous séquestre. Certes, la notoriété de Marie lui attire les courriers de centaines d'admirateurs : certains se proposent de l'épouser et d'autres lui envoient de l'argent. L'un des plus célèbres chanteurs de cette époque, Charles Trenet, propose même de verser pour Marie Besnard l'intégralité de la caution ! Ce que Marie refuse poliment. Elle préfère solliciter l'aide de ses cousins, qui réunissent péniblement la somme de 200 000 francs. Puis elle tente un recours devant la Chambre des mises en accusation, qui réduit la caution à 210 000 francs.

Marie sort enfin de prison, sous les flashes des photographes. Elle va se réfugier chez les sœurs dominicaines du couvent de Saint-Morillon, mais n'y reste qu'une seule nuit. Car les journalistes, informés Dieu sait comment, ont assiégé le couvent pour tenter de photographier celle dont on se demande si elle est une sainte ou une empoisonneuse. Au petit matin, une religieuse plus endurante que les autres (ou insomniaque !) aide Marie à s'échapper en la cachant dans la camionnette destinée à transporter les légumes.

Des amis normands acceptent d'accueillir l'accusée dans leur maison de l'Eure mais ils ont alors la surprise de voir Marie, ivre de liberté retrouvée, jouer de sa notoriété pour se faire reconnaître de plusieurs personnes, stupéfaites d'apercevoir « l'Empoisonneuse » ! D'ailleurs, Marie ne reste guère dans l'Eure. Avec sa détermination proverbiale, elle estime que rien ne l'empêche de rentrer chez elle, à Loudun. Là, elle attend sereinement les conclusions des trois nouveaux experts désignés par la cour d'assises de Bordeaux dans son arrêt du 1er avril 1954. Elle les attendra longtemps, puisque son troisième (et dernier) procès ne s'ouvre que sept ans plus tard, le 20 novembre 1961.

En effet, les experts désignés invoquent toutes sortes de prétextes pour se désister, de crainte de se voir ridiculisés comme Béroud. Le premier à accepter spontanément sa mission est Albert Demolon, membre de l'Académie des sciences… qui meurt dès le 3 août 1954 ! Peut-être est-il utile de préciser qu'il n'a jamais rencontré Marie Besnard…

Enfin, le procureur général de la cour d'appel de Paris parvient à trouver trois experts qui acceptent de rechercher si Marie Besnard est ou non une empoisonneuse : MM. Lemoigne et Truhaut, et surtout l'éminent Frédéric Joliot-Curie[1]. Ces trois experts vont au-delà de leur mission d'analyse et mènent une véritable enquête scientifique. Ils cherchent notamment à savoir si le fossoyeur de Loudun appliquait ou non un enduit à base de plâtre dans les cercueils[2]. Mais ils n'obtiennent pas de réponse précise sur ce point, car le fossoyeur est décédé entre-temps.

Ils vérifient aussi si l'on n'aurait pas déposé ou abandonné autour des tombeaux d'anciens ornements funéraires en zinc, susceptibles d'imprégner le sol d'arsenic. Et demandent à quelle distance le gardien du cimetière cultivait ses pommes de terre, qu'il aspergeait de produits toxiques pour éloigner les doryphores… L'homme avoue alors qu'il déplaçait régulièrement ses plantations, et qu'il lui arrivait aussi de faire pousser des chrysanthèmes avec un engrais qui contenait « un peu » d'arsenic !

Enfin, ils constatent que le cimetière affiche un dénivellement assez important pour que les tombes de la famille Besnard recueillent toutes les eaux de pluie imprégnées des multiples engrais accumulés dans le sol : une pollution qu'aucun expert ne saurait évaluer. Mais, puisqu'il faut bien clore un jour l'affaire Besnard, le juge d'instruction de Poitiers fait procéder à de nouveaux prélèvements sur les corps des proches de Marie Besnard. Le 14 juin 1958, ces corps sont exhumés… pour la

1. Frédéric Joliot-Curie a obtenu avec son épouse, Irène Joliot-Curie, le prix Nobel de chimie en 1935.
2. Le plâtre contient de l'arsenic, qui aurait pu pénétrer les corps des défunts.

troisième fois ! Et les experts préfèrent prévenir d'emblée qu'ils ne pourront pas rendre leur rapport avant le mois d'octobre prochain. Oui, mais le plus prestigieux des trois, Frédéric Joliot-Curie, meurt le 14 août 1958 : avant même d'avoir rencontré Marie Besnard !

Ses confrères mettent alors deux ans pour rendre leurs conclusions. Et encore ce document cumule-t-il inexactitudes et contradictions sur l'empoisonnement à l'arsenic : même ses auteurs le reconnaissent.

Troisième procès et dernier acte

Néanmoins, c'est sur la base de ce rapport que se tient à Bordeaux, du 20 novembre au 12 décembre 1961, le troisième (et dernier !) procès de Marie Besnard. Procès très médiatique, qui attire un immense public composé de curieux, d'admirateurs et de détracteurs, parmi lesquels on reconnaît quelques célébrités comme l'humoriste Fernand Raynaud ou l'actrice Suzy Delair.

À vrai dire, ce procès est désormais surtout celui de la science toxicologique. Car l'avocat de l'accusée commence par rappeler les multiples négligences et les mensonges du docteur Béroud. Avant d'expliquer que, contrairement à ce que les scientifiques ont longtemps prétendu, on trouve de l'arsenic dans tout corps humain ainsi que dans la terre et dans l'eau, et que ce poison est susceptible d'imprégner les corps même après leur décès… À l'instant où il termine sa démonstration, Marie s'évanouit, ce qui souligne l'importance de sa plaidoirie. Les jurés ne risquent pas d'oublier…

Après quoi, les témoins peuvent se succéder à la barre. Il en ressort que certains experts ont prétendu avoir analysé des viscères qu'on ne leur a jamais envoyés…

Ou qu'ils ont donné un avis sur la proportion d'arsenic qui restait dans les cheveux de Léon Besnard, sans que ces cheveux aient été prélevés ! Et, même lorsqu'ils ont réellement trouvé des traces de poison, ils ont négligé de vérifier si le défunt n'avait pas suivi un traitement médical comportant de l'arsenic. On apprend aussi que Léon Besnard protégeait ses vignes en les sulfatant d'arsenic, et qu'il a donc pu s'empoisonner lui-même.

Un expert avoue que, dans certains tombeaux, les cercueils n'étaient pas nominatifs et que, lorsque les corps exhumés n'étaient pas reconnaissables, on a effectué les prélèvements sur l'un d'entre eux, au hasard... Enfin, un dernier expert, spécialiste de la dynamique des sols, expose avoir constaté que, à Loudun, même le sable contient une forte proportion d'arsenic. Sa formule sera triomphalement reprise dans la presse : « Vous avez enterré vos corps dans une réserve d'arsenic ! »

Désormais, aucun juré n'oserait condamner Marie Besnard sur la base d'expertises aussi approximatives. Et en effet, le 12 décembre 1961, l'accusée est acquittée.

Marie Besnard doit donc être regardée comme innocente. Même si, comme l'explique le médecin légiste Michel Bénézech, plusieurs des victimes qu'on lui imputait ont forcément été assassinées, car leurs corps n'auraient pas pu s'imprégner d'une aussi forte proportion d'arsenic par une simple contamination de la terre ou de l'eau. Or, l'unique point commun de ces personnes était d'avoir eu Marie Besnard pour héritière ou de l'avoir désignée comme légataire universelle...

Marie Besnard après son acquittement

À l'issue de son troisième procès d'assises, on s'attend à ce que Marie fuie Loudun. Mais elle déjoue toutes les prévisions en rentrant chez elle et en y reprenant sa vie quotidienne, exactement là où elle l'avait laissée. À cela près qu'elle se trouve désormais ruinée à cause du placement de ses biens sous séquestre, outre les lourds frais de procédure et les honoraires d'avocats qu'elle a dû assumer. Elle pourrait intenter un procès en responsabilité contre l'État pour obtenir des dommages et intérêts, mais elle n'aspire qu'à regagner l'anonymat.

Tout au plus accepte-t-elle de publier, en avril 1962, ses mémoires. Et, pour rester conforme à son image de « bonne dame de Loudun », elle déclare publiquement pardonner à Louise Pintou. Après quoi, elle accueille dans sa maison et dans sa vie un dernier compagnon, Marius Bonhoure, qui ne se risque tout de même pas à lui proposer le mariage !

Par une ultime facétie du destin, Marie Besnard meurt le 14 février 1980, jour de la Saint-Valentin. Pour ne pas attirer à ses funérailles une foule de curieux, elle a fait don de son corps à la faculté de médecine. À moins que ce ne soit pour éviter d'être enterrée dans ce cimetière de Loudun, qu'elle a contribué à faire tellement retourner…

Il ne reste donc rien d'elle, pas même une tombe. Juste une légende, auréolée de l'épaisse mantille noire qu'elle a arborée jusqu'à son acquittement.

Conclusion

J'avais logiquement choisi de présenter cette farandole d'empoisonneuses de façon chronologique, mais je me suis autorisé une exception en évoquant Violette Nozière avant Marie Besnard, qui est pourtant née plus tôt.

À mon éditeur, j'ai raconté que ce décalage se justifiait, puisque le procès de Violette Nozière s'était tenu bien avant celui de Marie Besnard, mais ce n'était qu'un prétexte.

En réalité, il m'a semblé nécessaire de clore ce livre sur la personnalité et les mésaventures judiciaires de l'héroïne de Loudun parce que cette femme a incarné, pour son malheur, toutes les ambiguïtés des empoisonneuses, coupables ou innocentes, à travers les siècles et les pays.

Personne n'a pu ni ne pourra affirmer qu'elle était coupable, et pourtant elle est passée en cour d'assises à trois reprises. Sans que la justice ait pu obtenir de preuve, ni même d'aveux, avec des expertises contradictoires en guise de pièces à conviction. Ce qui servait de fondement aux poursuites dirigées contre Marie Besnard, c'étaient des dénonciations et des commérages, guidés par une accumulation de jalousie et de rancunes.

On lui reprochait de s'être remariée un peu trop vite après le décès de son premier mari. De n'avoir pas eu d'enfants. De diriger avec une énergie d'homme une fabrique de corderie plutôt prospère. Et d'avoir accueilli un ouvrier allemand jeune et vigoureux, dont on suspectait qu'elle avait pu faire son amant pour se consoler des infidélités de Léon Besnard.

Toutefois, aucun de ces comportements, avéré ou non, ne constituait un crime. Ni même une infraction. Et pourtant, ils lui ont valu de subir des années de prison, avec l'humiliation de voir sa vie privée dévoilée, commentée et caricaturée dans toute la presse française.

Les gens de Loudun s'indignaient-ils pareillement lorsqu'un veuf se remariait un peu trop vite ? Ou quand un homme parvenait à épouser une femme considérée comme un bon parti ? Les voisins étaient-ils outrés de voir un propriétaire terrien profiter de son aisance financière pour accueillir sur son domaine une fille de ferme, de préférence jolie, dont on pouvait imaginer qu'il ne la rejoindrait pas seulement à l'heure des labours ? Bien sûr que non !

Les mêmes histoires qui généraient opprobre, calomnies et dénonciations pour les femmes ne suscitaient qu'un sourire amusé, voire admiratif, lorsqu'il s'agissait d'hommes ! Le plus grand crime de Marie Besnard n'est donc pas d'avoir peut-être tué ses maris, sa famille et ses amis : c'est surtout d'avoir été une femme ! Et, à travers son histoire, on peut se demander si la plupart des empoisonneuses présumées, innocentes ou coupables, n'ont pas été avant tout des victimes. Victimes des rumeurs lorsqu'elles ne se conformaient pas aux usages qui régissaient l'existence soumise des femmes, quelles que soient les époques. Et victimes même lorsqu'elles avaient réellement empoisonné des membres de leurs familles, parce que c'était pour elles l'unique moyen d'acquérir une certaine liberté, en échappant à la tutelle de leurs pères ou à la domination de leurs maris.

Il est certes compréhensible que les premières féministes, déjà volontiers caricaturées ou ridiculisées, n'aient pas osé assumer une filiation combative avec Catherine de Châteauneuf (qui s'est révoltée contre un mariage imposé avec un homme qu'elle n'aimait pas et qui lui avait fait quitter la demeure familiale), avec la marquise de Brinvilliers (qui ne supportait plus l'intransigeante surveillance de son père après son mariage) ou avec Marie Lafarge (qui a été poursuivie et condamnée sans aucune preuve, sur le seul fondement des bonnes raisons qu'elle aurait eues d'empoisonner son mari).

Mais il serait temps, désormais, d'observer la vie de ces dames de façon plus compréhensive, en faisant abstraction de l'opprobre injuste qui reste attaché à leur funeste légende…

Table

Cet ouvrage a été composé
Par Soft Office (à Eybens)

Impression réalisée par
CPI France
en février 2025
pour le compte des Éditions de l'Archipel
département éditorial
de la S.A.S. Écriture-Communication.

Pour plus d'information :

#lisez! engagé
www.lisez.com

Imprimé sur du papier issu de forêts gérées durablement.

Imprimé en France
N° d'impression : 3058958
Rang de tirage : 01
Dépôt légal : février 2025